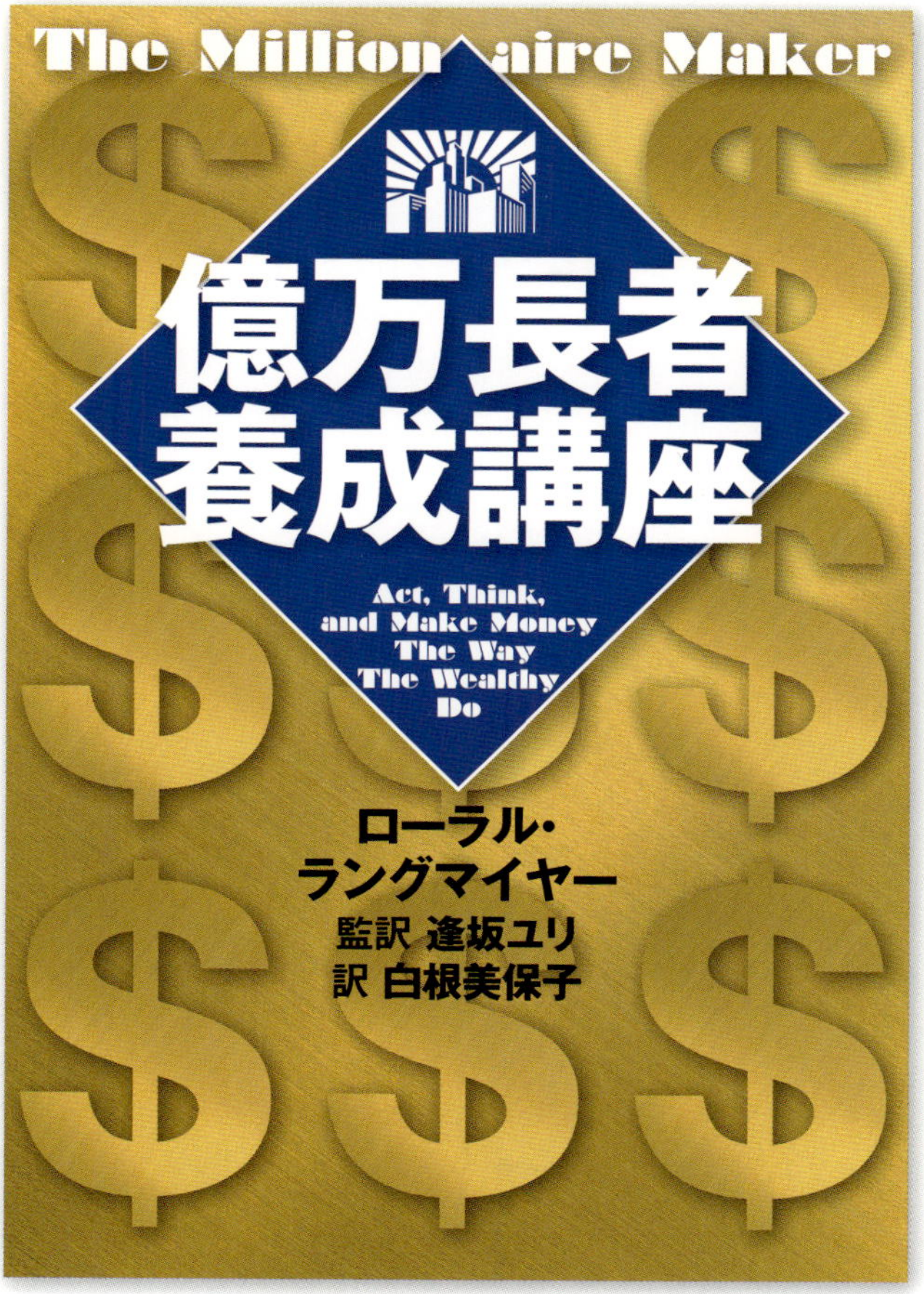
The Millionaire Maker
億万長者
養成講座
Act, Think, and Make Money The Way The Wealthy Do
ローラル・ラングマイヤー
監訳 逢坂ユリ
訳 白根美保子

ダイヤモンド社

The Millionaire Maker
by Loral Langemeier

Original English language edition published by The McGraw-Hill Companies, Inc.
Japanese translation rights arranged with The McGraw-Hill Companies, Inc.
through Japan UNI Agency, Inc., Tokyo

監訳者まえがき

3〜5年以内に億万長者（ミリオネア）になりたいと本気で思っている人のための本

本書は、いま現在、ショッピングローンの返済に追われていたり、職を失いそうになったりしていても、**数十年後のいつかではなく、3〜5年以内に億万長者（ミリオネア）になりたいと本気で思っている人のための本**です。

柱を成すのは、著者のローラル・ラングマイヤーが「私なら、どこの誰でも億万長者（ミリオネア）にできるわ」と胸を張る、資産作りのアプローチ法。これは、彼女がシングルマザーになって、「どうしても自分の収入を増やさなくてはならない。でも会社勤めでは限界がある」と追いつめられて一念発起し、トライ&エラーを繰り返した末に編み出したものでした。

ローラルがここで提唱している「ウェルス・サイクル・プロセス」はオリジナリティにあふれていますが、根底に流れる哲学はとりわけ変わったものではありません。資産作りの基本というのは、世界共通で、時を選ばないものなのです。

いま、アメリカのサブプライムローンから始まった金融市場の混乱が取りざたされていますが、このようなショックは金融史をひもとけば10年に1度ぐらいの割合で起きていることです。サブプライム問題の前であろうと後であろうと、資産形成の基本は変わりません。むしろ、日本人にとっては、欧米の方々の資産形成の考え方に学べるところがまだ山ほどあるのです。

なぜ、欧米からミリオネア、ビリオネアがたくさん生まれるか

２００８年春の米ビジネス雑誌「フォーブス」を読んでいたところ、世界全体では、ミリオネアよりケタが３つ多い「ビリオネア」が増え、ラグジュアリー（ぜいたく品）市場を支えているという記事がありました。同誌によると、08年の調査で資産10億ドル（１１００億円以上）のビリオネアの数は、初めて千人台を超えて１１２５人となり、合計資産額は前年より約３００億円増加して約４９０兆円になったそうです。

また、世界的な金融機関の上位50人の資産総額は50兆円に達するとも言われています（残念ながら日本の金融機関のトップは、このリストの中には入っていないようです）。

毎年６月にスイスのバーゼルで開催される世界最大規模のアート・フェアには、プライベートジェットでスーパーリッチたちが訪れ、スイスの飛行場にはガルフストリーム・エアロスペース社製の最高級ジェット機が２００機近く集まるそうです。

私は決してスーパーリッチではないですが、大のアート好きとして、そして世界のお金の潮

流の変化を自分の目で確認するという目的もあって、毎年、できる限り時間を作って（たとえ1日だけでも）海外のさまざまなアート・フェアに出かけて行きます。会場では、欧米の金融機関のトップから著名な投資家、さらには企業経営者がＶＩＰルームでシャンパンを飲みながらアート談義をしている姿を何度も目撃しました。残念ながら、日本のビリオネアらしき人をそのような場所では見かけることはほとんどできません。日本企業の社長クラスやベンチャー企業の経営者が最高級のプライベートジェット機を所有できるほど年収が高いとも思えません。

なぜ、欧米からこうしたミリオネアやビリオネアがどんどん生まれるのでしょう？　**それは、欧米の方々が、資産形成のことをきちんと考え、成功した人を素直に真似して、一度や二度の失敗で「もうこりごり」などと言わずに、その経験を糧として積み重ねていくからです。**

イギリスのある会社を訪問したときのこと。受付の若い女性が、カウンターの中で熱心に何かを読んでいました。何を読んでいるのか聞いたところ、不動産売買の契約書でした。彼女が前に購入していた投資用の物件が値上がりして、売却したところだったのです

欧米では、家のメンテナンスを怠ったり庭の芝生を手入れしていなかったりすると、隣近所から文句を言われます。美観どうこうというだけでなく、その周辺の不動産価値が下がり、自分たちが家を売るときに損をすることになるからです。常に相場の波をチェックしていて、相場が強気に転じたと思えば売り、より資産価値の高い物件に買い換えていきます。

投資は一部の投資家や、大金持ちになった人がすることではなく、ごく一般的な人々のなかにも、資産をどう築いていくか普段から考えている人が多いのです。文字の読み書き（リテラシー）を学校で学ぶとともに、資産形成のイロハ（ファイナンシャル・リテラシー）も、日常的に学んでいます。

資産運用は、「実績がある人の言うこと」が正しい

ところが日本人は、「将来が心配だ」「今の経済状況は深刻だ」「投資はリスクが怖い」と、つい不安ばかりが口をついてしまいます。不安を取り除くために行動するより、見なかったことにして不安にフタをしてしまい、思考停止の状態に陥ってしまいがちです。

しかし、**ファイナンシャル・リテラシーを身につけるのに、特別な才能は必要ありません。投資だろうが投機だろうが、資産運用は、どんな評論家の言葉より、実績がある人の言うことが正しいのです。**資産運用の実績がある人というのは、つまり、実際に大金持ちになった人です。大金持ちのすることを素直に真似するのが一番の近道なのですが、これがなかなか日本人にはできないことでもあります。

でも、そろそろ「不安だ」と言っているだけでは済まされない時代がやってきています。

これまでは、終身雇用を前提に、年齢とともに給与が上がることが期待できましたが、これ

からはそうした給与体系が維持されることは考えにくく、そもそも会社自体が倒れてしまう可能性もあります。

転職によって給与アップを狙うにも、国内企業の人件費も、グローバリゼーションによって、アジアなどの安い地域の人件費を基準にし始めています。与えられた仕事をマニュアル通りに一生懸命こなすだけなら新興諸国にも人材が数多くいるので、給料は新興国水準へと次第に下がり、むしろ仕事を奪われてしまいかねません。実際問題として、07年の国税庁の発表によれば、9年連続で給料は下がり続けています。

勤続や転職による給与上昇（あるいは維持）が望めないとなれば、自分の本業以外に第二の収入源が必要になってきます。

第二の収入源といっても、副業で忙しくなって体を壊したり、本業に差し支えるようなことがあっては本末転倒です。ですから、「お金にお金を稼がせる」ことを考えましょう。それが本書で提唱されているアプローチの主眼です。

実は、長期金利が7％以上あれば、資産運用のことで特に悩む必要はないだろうと思われます。なぜなら、7％の金利で銀行にお金を預けて10年待っていれば元手は2倍になるからです。

しかしいまの日本の低金利では、7％にはまったく手が届きません。人口減少や少子高齢化が進み、日本の経済成長率は実質1～2％程度ですから、長期金利はとうぶん上がらないでしょう。つまり、この先、日本が大幅に経済成長し、長期金利が7％を超えて推移することはないだろうと思われます。

となると、日本で預貯金をしていても資産運用にはならないということです。では、そのような状況で、どうやってお金にお金を稼がせるかが問題です。

本書では、実際にローラルが7家族の家計改造をしていくさまを見ながら、読者がその秘密を身につけられるように書かれています。

「フリーダム・デー」（経済的な自由を手にする日）を迎えるために、まず一歩を踏み出してください

本書はアメリカで書かれたものですが、いくつかの点については日本特有の事情についても解説を加えておきましたので、ご参照ください。ただし、著者が言っている通り、国によって事情が違うのは当然ながら、**その国ごとの情報を集めるという「行動」も、非常に大事な大金持ちへのステップです。ここに書かれた知識を読むだけで終わりにせず、自分の手足で、そして時には人の手を借りて、情報を入手してください。**

誰でも、お金の心配をすることなく、豊かな生活をエンジョイしたいものですよね。趣味でもいいし、思い切り打ち込める仕事でもいいし、何もせずゆったり過ごすのでもいい。老後の生活の心配をすることなく、人生で自分がやりたいことに気兼ねなく自分の時間を使えるとし

たら、何よりもすばらしいことですよね。

本書で言うところの「フリーダム・デー」（経済的な自由を手にする日）を迎えるために、まず一歩を踏み出してみてください。頭でわかったというだけでは、立ち止まったままであることには変わりません。著者のローラルが言うように、行動することであなたの人生を変えていきましょう。本書が、素敵なライフスタイルのための資産作りに踏み込む「少しの勇気」が出るきっかけになれば幸いです。

2008年9月

逢坂ユリ

イントロダクション

「私ならどこの誰だって、いつだって、億万長者（ミリオネア）にできるわ」

ある日、私がオフィスから出ようとしていると電話が鳴った。知り合いのテレビ局のプロデューサーからだった。

「ローラル、家計の大改造をテーマに、番組を作りたいと思っているんだけれど……」

「おもしろそうね」

私は携帯電話のヘッドセットをつけ、車へ向かって歩きながらそう答えた。

「でも、問題があるの」

彼女はそう続けた。

「何なの？」

「それがね、1年かけてシリーズで放映したいと思っているんだけれど、実際に一つの家族を選んで、資産形成を手助けしようという趣向なの」

「いいじゃない？」

「いま私が言ったこと、ちゃんと聞こえたの？」

「家族が資産を築く手伝いをするんでしょう？」

「そうよ。でも、その方法を教えるわけじゃなくて、実際に資産を築くのよ。しかも番組中にね」

「それで？」

「それでって……あなたまだ電話を切らないの？」

「切らなくちゃいけない理由があるの？」

「もう何人か、名の売れている金持ち作りの仕掛け人にあたってみたのよ。みんな、お金に対する考え方や姿勢を変えるための手助けはできると言ってくれた。でも、テレビ番組を作りながら、実際に誰かを金持ちにするとなると、保証はできないと言うのよ」

「そもそも私がこういう仕事をすることにした理由も、そんなところにあるのよ」

「あなたにはできると思う？」

「私ならどこの誰だって、いつだって、億万長者（ミリオネア）にできるわ」

彼女は冗談だと思って笑ったが、私は笑わなかった。

「本気なの？」

プロデューサーはまじめな声に戻ってそう聞いた。

「本気よ」

たとえいま借金で苦しんでいても、億万長者（ミリオネア）にはなれる

私は億万長者（ミリオネア）を作り出す。ただそれだけ。ごく単純な話だ。財産を築くために私が使うのは、とてもストレートで戦略的なアプローチだ。**その鍵となるのは、私が数年前に考え出した「ウェルス・サイクル」という資産形成システムで、これは資産から現金を生み出す方法、つまりお金をあなたのために働かせる方法だ。**たとえいま借金で苦しんでいても、このウェルス・サイクルを始動させれば、思いのほか速く、自分の望みどおりの生活ができるようになる。

昔から金持ちはみんなこの方法を知っていた。ただ、金持ちの多くは、それをほかの人たちに教えるために時間を割こうとは思わない。

金持ちがどんなふうにして資産を築くか、その方法がわかれば、あなたもきっと彼らと同じように金持ちになれる。

世の中には「金持ちになんかなれるわけがない」と思っている人が多すぎる。しかし、本当のところは――。

1．たくさんのお金を儲けるために必要な「道具」は、全部、あなたの手元にすでにある。

2. これまでは資産形成のための情報やチャンスはごく少数の人しか手に入れられなかったが、情報時代のいま、誰にでも手に入れられるようになった。
3. 自分の力だけで金持ちになるのはむずかしいが、チームで取り組めば可能だ。
4. 自分のお金を自分でコントロールできるようになると、人生におけるストレスとリスクが減る。

「考え方」ではなく「行動」を変えなさい

ウェルス・サイクルは具体的なプランだ。資産形成の方法は世間に数多く紹介されているが、あまりに抽象的で、話としてはおもしろいかもしれないが実際には役に立ちそうにない方法が多い。**あなたが実際に財産を築き始める助けになるのは、「考え方」ではなくて「行動」だ。億万長者の考え方を学び、同じように考えるのは確かに良いことだが、彼らが実際に何をやっているかを学び、同じようにやってみる方がもっといい。**ウェルス・サイクルで肝心なのは行動だ。私はみなさんの中に投資家として成功する力が隠れていることを信じている。その希望と確信をもとに、みなさんが実際に行動し、前へ進むのをサポートしたいと思っている。

テレビ番組の話に戻ろう。

プロデューサーは番組の第1話を撮るために、数日後に会えないかと聞いてきた。

「ローラル、その日から収録を始めるけれど、本当に大丈夫なのね？」

「大丈夫よ」

大丈夫ではなかったのは彼女の方だった。

「私たちが選んだのは、4人家族で、借金を抱えていて、奥さんが失業しそうだという家よ。ちょっと確かめておきたいんだけれど、6カ月で何回か番組を収録する間に彼らの家計を立て直す……あなたはそう言ったのよね？」

「ええ、そうよ」

「一体どうやるの？」

番組がうまくいかないのではないか、この家族をがっかりさせることになるのではないかと彼女が心配していることは私にもよくわかった。

「**8分間に8つの質問に答えてもらって、それをもとに、これから先ずっと使える資産形成プランを作るわ。**それが第1話ね。で、最終回までには彼らはミリオネアになるレールに乗っているというわけよ」

「ローラル、視聴者はファイナンシャル・プランがどうだとか、こうだとか、理論的なことを長々と聞かされるのはいやなのよ」

「私もそんなのはいやよ。ウェルス・サイクルは理論じゃないの。それに、細かいところを飛ばして一般論を持ち出すつもりもないわ。これは金持ちになるための実践的なアプローチなのよ。**その家族にぴったり合ったウェルス・サイクル・プロセスを探して、それを実践する手伝いをするわ**」

「でも、視聴者が自分にも応用できると感じなければだめなのよ」

「大丈夫よ。**大きな借金を抱えている人、少ない収入で子供を育てているシングルマザー、家計は火の車なのに贅沢をしまくっている人……どんな人でもＯＫよ。みんなミリオネアにしてあげられるわ。**私のアプローチは、いまどんな状態の人にも効果があるの」

「すごいわ！　私も試した方がいいかもしれないわね」

「もちろんよ。じゃ、収録の時に会いましょう」

この本の内容は実際のケースに基づいているが、プライバシーを守るため、またわかりやすくするために個人名やディテールに変更を加えてある。また、国や地域によって法律や慣習が異なる場合もあるので、ここに取り上げたアメリカでの例を参考にして、自分の国ではどうなるか、調べてみてほしい。

財産を築くために一番大事なのは「行動すること」だ！

億万長者養成講座●目次

第2章 ゴールまでの地図を描け！

第3章 資産形成プランの組み立て方

第4章 資産を振り分けなさい！

第6章 法人を利用しなさい！
――支払う税金のムダをなくす……140

第7章 支出を管理しなさい!

第8章
財形口座に優先して入れなさい！

第9章 悪い借金をなくしなさい！

第10章 家計の状態を表す数字「ベースライン」

第11章 フリーダム・デーを宣言する！

第12章 チームで億万長者になる！

――チームワークとリーダーシップ……241

第13章 思考を転換しなさい！

第14章 子供たちにお金のことを教えよう

終わりに

第1章

ウェルス・サイクルを始動せよ！

富が富を生むしくみを作る

宝くじに当たらなくても、億万長者（ミリオネア）になれる確率はあなたが思っているよりずっと高い。億万長者になりたいという願望と確固たる信念を持っていれば、あなたがお金を儲け、それを維持できる（維持する方が儲けることより大事だ）確率は、宝くじに当たるよりずっと高い。

「資産形成」と聞くと、自分には縁のない謎だらけの話のように思う人もいるかもしれないが、本書を読めばそういった謎は解消すると思う。**私は誰でも、きちんとした規則に従った段階的なアプローチをとれば、金銭的な問題を解決し、ミリオネアはおろかビリオネアにもなれると信じている。それも、「所有する財産」がたくさんあるだけの金持ちではなく、毎月入ってくる現金の額、つまり、プラスのキャッシュフローの額の大きな金持ちだ！**

「本当のお金持ちにとってはキャッシュフローがすべてだ」ということを知っている人には、

私がいまとても大事なことを言っているのがわかるだろう。

私は「本当のお金持ち」になる方法をみなさんにお伝えしたい。手っ取り早いお金儲けの方法や、ありふれたアドバイスや励ましの言葉で紙面をむだにするつもりはない。億万長者は偶然に財産を手に入れたのではなく、目に見える、具体的な行動を積み重ねた結果、億万長者になったのだ。着実に資産を築き、億万長者になるためには、行動を起こすことが大事だ。

収入を生活費に使っていては億万長者になれない

いまあなたに1万ドル渡しても、それをウェルス・サイクルに乗せる方法を知らなければ、資産形成には役立たない。それは私たちの多くがウェルス・サイクルではなく「ライフスタイル・サイクル」の中で育ってきたからだ。

ライフスタイル・サイクルでは、入ってきた収入はライフスタイルを維持するための消費財の購入に使われる。だから資産形成はできない。それどころか、最近ではクレジットカードのおかげで、収入が入る前にお金が使われてしまい、負債ばかりが増えるケースも多い。

一方、**ウェルス・サイクルでは、入ってきた収入は、資産をサポートするために使われる。この資産こそがキャッシュフローを生み、財産を築くためのいわば「金《かね》の生る木」だ。**

ウェルス・サイクル・プロセスは、キャッシュフローを生み出す資産を手に入れる、あるい

◎ウェルス・サイクル

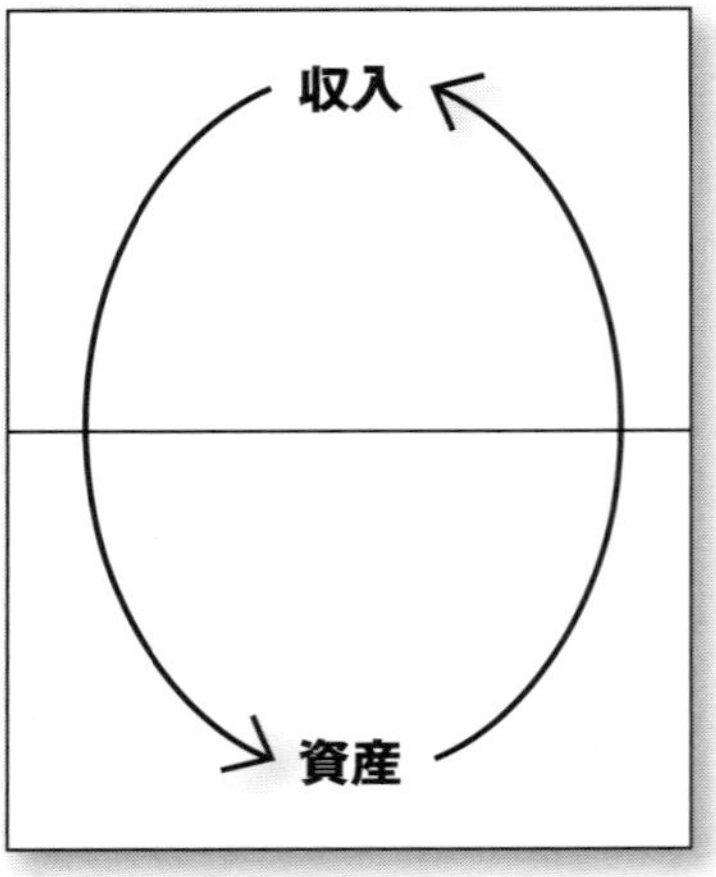

×ライフスタイル・サイクル

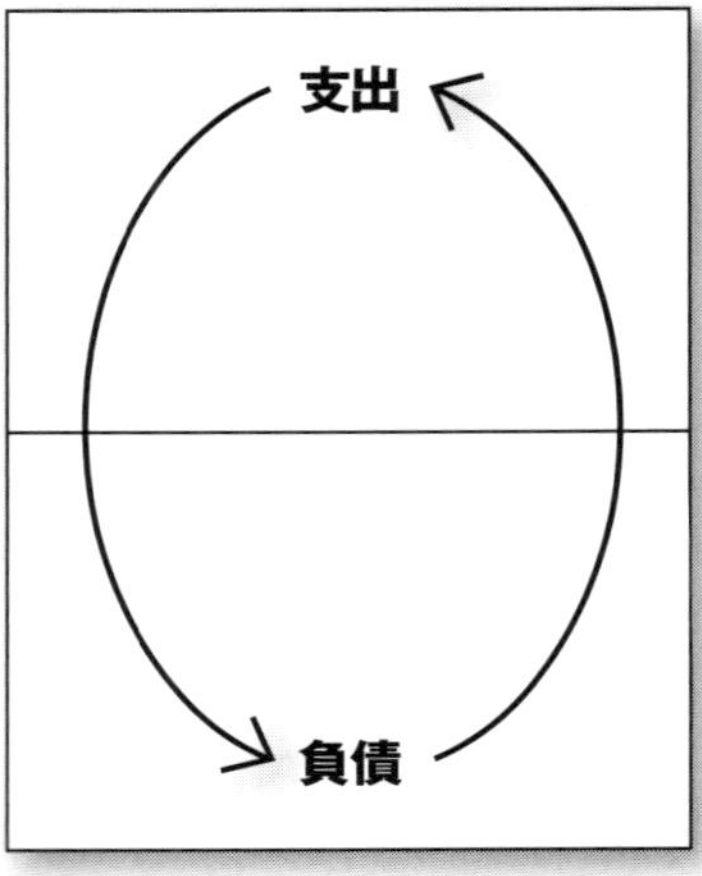

ライフスタイルを維持するためにお金を使い、負債を増やし、返済のためにまたお金を使うというサイクル（ライフスタイル・サイクル）を、収入で資産を買い、その資産がさらなる収入を生むサイクル（ウェルス・サイクル）に変えることがミリオネアになる道だ。

は作り出すことで、資産を増やし続け、豊かな生活を送るための方法だ。

節約しろ、収入に見合った生活をしろ、朝のカフェ・ラ・テをがまんしろ……と勧めるファイナンシャル・アドバイザーもおおぜいいる。でも、私はそんなやり方はごめんだ。朝食と一緒に一杯のカフェ・ラ・テを楽しみながら億万長者になることは可能だ。たとえいまめちゃくちゃな経済状態にあろうと、ウェルス・サイクル・プロセスを始動させれば、借金をなくし、資産を築く手助けをきっとしてくれる。金持ちはみんなそうしている。だからあなたもこれからそうすればいい。

他人にお金を任せきりにするのが一番のリスク

投資商品を売った手数料で生計を立てている、**いわゆる投資の専門家の多くは、一般に安全第一主義だ。彼らはあなたのお金を「安全なところ」に置いておこうとする。でも、彼らが安全だと言って勧める場所はもう安全とは言えなくなっている。**

エンロンのスキャンダルが大きな騒ぎとなったように、ほんの数人の企業幹部の不正によって株式市場全体が揺らいだり、テロリズムの影響で債券市場が落ち込んだりするし、年金や社会保障システムも大きな問題を抱えている。

つまり、これまで安全、確実と言われてきた金融戦略がそうではなくなってきているということだ。だから、**自分のファイナンシャル・プランを他人の手に任せてしまうことが、一番リスクの大きなやり方にもなりかねない。**

でも実際のところ、資産形成の方法を知っているのはごく一部の人だ。両親も教えてくれなかったし、学校でも教わらなかったという人が大部分だろう。それにアドバイザーたちも、自分たちがあなたの代わりにやって、そのサービスに対してお金をとる、いわば「金づる」のこの方法をあえてあなたに教えようとはしない。だからこそ、あなたは自分で適切な決定がくだせるように、この方法を学ぶ必要がある。

あなた独自の資産形成プランを作りなさい

人生が人によってさまざまに異なるのと同様に、資産形成のためのプランも、その人のニーズや目的に合わせて特別に作られたものであるべきだ。そのためにはいろいろな要素をさまざまに組み合わせる必要がある。**私の資産形成プラン「ウェルス・サイクル・プロセス」は次の7個のブロックを自分のケースに合わせて組み合わせることによってできあがる。**

それぞれのブロックについては第2章以降で詳しく説明するが、だいたい次のような位置づけになっている。

「ウェルス・サイクル・プロセス」7個のブロック

1. ギャップ分析

いま自分がいるところから目的地までの地図を作るための状況分析をする。

そのときに必要なのが、「ベースライン」と「フリーダム・デー」。

ベースラインとは、現在の家計の状態を表す基本的な数字、つまり毎月の収入と支出、および現在の資産と負債の額のこと。

ローラル式 資産形成プラン

「ウェルス・サイクル・プロセス」の組み立て方

① まず初めにやっておくこと

どの人も、必ずこのステップからプロセス作りが始まる。資産を築き始めるには欠かすことのできない、重要なステップだ。自分の家計をきちんと数字に表し、目標としては一年後の姿を想定しよう。

ギャップ分析

自分の経済状況を正確に把握し、目標とするゴール地点を設定する。

② 6つのブロックを順序よく並べる

ギャップ分析の結果を踏まえて、何から先に取りかかるかを決める。
やっていることが正しくても順序が違えば資産作りはおぼつかない。ブロックの順序は人によって異なるので、本書に登場する例を参考にして判断しよう。

借金管理

投資・貯金を始めると同時に消費者債務解消に手をつける。

法人利用

政府が法人に与えている税制上の優遇措置を利用する。

キャッシュ・マシン

すぐに利益の出せるビジネスを立ち上げて収入増を図る。

財形口座

収入の一部をつねに「まず自分に払い」、投資用の資金を確保する。

支出管理

個人と法人に分けて収支見通しを立て、支出を管理する。

資産振り分け

手持ちの資産を高収益が見込める資産へ買い換えて不労所得を作り出す。

フリーダム・デーは、お金の心配から解放される日のこと。まずは1年後をめどとして、お金に関することで自分が達成したいと思っている目標を設定する。

2. 借金管理

資産形成の最大の敵である消費者債務を解消する。

3. 法人利用

政府が法人に与えている、税制上の優遇措置を利用する。

4. キャッシュ・マシン

自分でビジネスを起こし、そこからより多くの収入を得て、ウェルス・サイクルを加速させる。

5. 財形口座

収入の一部をつねに「まず自分に払い」、投資用の資金を確保する。

6. 支出管理

税制上の優遇を最大限に利用するために、個人および法人に分けて収支見通しを立て、支出を管理する。

7. 資産振り分け

ウェルス・サイクルを加速する燃料となる不労所得を作り出すために、資産を適切に振り分ける。

ウェルス・サイクル・プロセスは「ギャップ分析」から始まる。これはどの人にとっても欠かすことのできない最初のステップとなる。

そして次が大事なポイントだが、**2〜7までの6つのブロックは、あなたのニーズ、目標によって、どれに比重を置くか、またどのような順番で実行に移すかが変わる。**

この7つはどれも必要なもので、たがいに影響を及ぼしあっているので、どれか1つだけやればいいというものではない。

そして、**資産形成プランを下支えする大事なマインドがある。「チームワーク」「リーダーシップ」「思考の転換」の3つのマインドだ。**これらは順序は関係なく、常に、プロセスを通じて意識している必要がある。

資産形成プランを下支えする3つの大事なマインド

1．チームワーク

自分ですべてをやろうとしないで、有能なプロを集めてチームを作り、任せるべき部分は任せる。

2．リーダーシップ

人に任せる部分はあるが、すべて任せきりではいけない。チームは作っても、自分がリーダーだということを忘れずに。

3. 思考の転換

お金に対する考え方を変え、経験と自信を増やしてお金と自分との関係を変える。

何から先に手をつけるかが勝負を決める

財産を築こうとしている人が一番よく犯す間違いは、やっていることは正しいのにタイミングが悪いことだ。たとえば、財産を築き始める前に、借金を全部返そうとしたりする。ウェルス・サイクル・プロセスでは、**借金がある場合には「5段階式借金返済プラン」を実行すると同時に、財産を築くもととなる財形口座への積み立てを始める。**

正しいことをタイミングよくやる、つまり「順序よくやる」ことがウェルス・サイクル・プロセスの基本だ。本書の目的は、どのような順番があなたにとって一番いいか、それを決めるのを手助けすることにある。

本書で紹介する例は、私の方法に従って実際にミリオネアになった人たちから選んだ。それぞれ異なるブロックに重点をおいて成功した例を取り上げたので、あなたもきっとその中に、自分に似た状況にある人、同じような目標を持っている人を見つけることができるだろう。

ギャップ分析・8つの質問で現状を把握することから始めよう

どんな場合でも、資産形成プランはギャップ分析のための次の8つの質問から始まる。

ギャップ分析のための8つの質問

1. 毎月の収入はいくらか？
2. 毎月の支出はいくらか？
3. どんな資産を持っているか？
4. どんな負債があるか？
5. ほかに見落としているものはないか？
6. どんなふうになりたいか？
7. お金を稼ぐために使えるスキルとして、どんなものを持っているか？
8. 自ら進んでウェルス・サイクルを作り、稼動させる気があるか？

以上の8つの質問の答えから、何から先にとりかかるべきか、ブロックの優先順位が決まる。

本書で紹介する7つの例を読むと、その優先順位を決めるプロセスがわかると思う。

人によって、資産形成プロセスの作り方は異なる

最初に登場するレナード一家は、妻が近いうちに会社を辞めるので、それを補うだけの新しい収入を得たいと思っている。第2章と第3章では彼らの例を取り上げて、ウェルス・サイクルを生み出す全体のプロセスと、それぞれのブロックを簡単に説明する。

第4章から第9章では、さまざまに異なる6つの家族・個人の例を取り上げてそれぞれにとって何がいちばん大事なブロックかを探しだし、ウェルス・プランの作り方を詳しく説明する。

第4章　会社勤めが忙しすぎて先のことが考えられないリック・ヌーナン
第5章　シングルマザーでお金もないが夢は大きいパトリシア・ビーズレー
第6章　投資は成功しているのに収入につながらないケリー・キングスレー
第7章　ビジネスの売上は多いのに赤字生活に陥っているジム・クィンリン
第8章　贅沢なライフスタイルのせいで財産を築くことのできないジョーンズ夫婦
第9章　資産がなく、借金に追われているチャック・ウォラス

この本を手にとったあなたは、もう億万長者への道を歩み始めている

この本を読むと、財産を築くためにはどんな順番でブロックを積み上げていったらいいか、自分のニーズや目的に合ったやり方はどんなやり方か、もっとよくわかってくると思う。中には、読み終えても、どこから手をつけたらいいかわからない人もいるかもしれない。それでもがっかりすることはない。**あなたがやるべきことは「何か」行動を始めることだ。**

資産形成はウェルス・サイクル・プロセスを構成するすべてのブロックが、変化しながらたがいに作用し合い、ずっと続いていくプロセスだ。ブロックの中には、やっていて胸がわくわくするようなこともあれば、そうではないものもある。でも、どれも欠かすことのできない大切なプロセスの一部だ。それに、どれも必ずあなたにもできることばかりだ。

同じ道を通ってきた私にはそのことがよくわかる。**農家育ちの私は、トマトを買うより自分で育てた方がいいことを知っているし、収穫するためには自分で種をまかなければいけないことも知っている。**私ははじめ、ほんの少しのお金を投資し、チャンスにかけた。それ以来、自分のお金の管理を100パーセント他人に任せたことはない。ウェルス・サイクル・プロセスの7つのブロックは、あなたが自分のお金を自分で管理する力を与えてくれる。そして、一生役に立つ資産形成プランの基礎を固める手助けをしてくれる。

第2章　ゴールまでの地図を描け！「ギャップ分析」シートのつくり方

テレビ局のプロデューサーと話をしてから数日後、私は経験豊富な財務・投資のアドバイザーを集めた「ウェルス・チーム」を率いて、カリフォルニア州オークランドに住むレナード一家を訪ねた。

妻のメアリーと夫のマイクはプロデューサーから聞いていた通りの人たちだった。頭がよく、活動的で、ふたりとも自分たちの経済状態を改善したいと真剣に思っていた。貯金もいくらかあり、長年の間に持ち家の評価額も上がっていたが、その一方で、クレジットカードの借金もあり、ひとり分の給料がもうじきなくなりそうで、大学進学を希望しているハイスクールの息子が2人いた。そして、多くの家庭と同様、将来に向けてのファイナンシャル・プランは持っていないというのが実情だった。

息子たちについて話を聞いたり家の中の様子をながめたりして、この家族のことが少しわかってきたところで、私は資産形成プランの基礎となる8つの質問をすることにした。まず、ギャップ分析のための次のような表を書いた。

この表の一番上は、現在の経済状態を書き込む「ベースライン」の欄で、下は1年後のあなたの姿を示す「目標」を書き込む欄だ。私たちウェルス・チームの役目は、その2つの間のギャップを埋めるために、不労所得とキャッシュ・マシンからの収入を使ってどんどん資産を増やし続ける「ウェルス・サイクル」を作ることだ。

会社を辞めても大金持ちにはなれる

私の話を聞いてメアリーとマイクはとても興味を持ったようだったが、それと同時に不安そうでもあった。メアリーが一番心配していたのは、近いうちに会社を辞めなければならないことだった。私はメアリーに言った。

「会社を辞めるのは、あなたにとってとても良いことなのよ」

「良いことですって？」

メアリーは「正気なの？」とでも言いたげな顔でそう聞いた。

「そうよ。『これはすぐ何とかしなくては！』という気持ちになる良いチャンスじゃない」

「私は失業するのよ。また職探しをしなくてはいけないのよ！」

現状と目標のギャップを知るための「ギャップ分析」シート

現状はどうなっている？

収入（税込）	資産

支出	負債

持っているスキル

↓

1年後、どうなっていたい？

メアリーは少しいらいらした声で言った。私は首を横に振った。

「あなたは会社勤めには戻らないのよ」

「会社に戻らない?」

「そうよ」

メアリーは泣き出した。これまでずっと会社に勤めてきたし、家庭や学校で教えられてきたのも、朝9時から夕方5時まで——あるいはそれ以上——せっせと働いて生計を立てるという生き方だった。

中西部の農村育ちの私も、メアリーと同様、せっせと働いてお金を稼いで生計を立てるのがいいという考え方に従って育てられてきた。私の家は裕福ではなかったし、近所の人たちもみんな同じくらいの生活水準で、親から受け継いだものと言えば、勤労を尊ぶ精神だけだった。

私は子供の頃から両親の仕事を手伝ってきた。10代の終わりには、学校に通うかたわらヘルストレーニングの会社や企業コンサルティングの会社を起こしたりした。卒業後は石油会社にしばらく勤め、その後はその会社のコンサルタントとして働いた。今やっている、金持ちになるための教育とコーチングの仕事について学び始めたのはそのあとだ。

私は若いころから億万長者(ミリオネア)になりたいといつも思っていたが、その目標が現実的なものになったのは、30歳を過ぎてシングルマザーになった時だった。

これから一人で子供を育てなくてはいけない……。不安と責任感に押しつぶされそうになった私はこの時、自分の会社、個人的な家計、そしてプライベートライフをもっと豊かに、安定したものにするために全力を尽くそうと決心した。

それからしばらくして、34歳の誕生日の2週間前、私の純資産は100万ドルの大台に乗った。

こつこつ働くことは、むしろ危険な生き方だ！

メアリーとマイクも、あの時の私と同じように大きな決心をしなければいけなかった。

私はふたりに向かってこう続けた。

「たいていの人は億万長者になりたいと思っている。そうよね？」

ふたりはうなずいた。

「でも、億万長者になるためには行動しなくてはいけないのよ。ソファーに寝そべってテレビを見ているだけではだめ」

「ぼくたちは働く気は充分あるし、どうやって働いたらいいかも知っている。でも、メアリーは職を失うのに、次の仕事には就かなくていいとあなたは言っている。これではちょっと不安ですよ、ローラル」

「そうね。だから多くの人は、未知の世界とそこに到達するまでの苦労が心配で、自分がすでに知っていることをやり続ける道を選ぶ。確かに短期的に見ればその方が快適だわ。でも長期的に見たら、それでは同じ結果を繰り返すことにしかならない。つまり、収入は少なく、支出は多く、クレジットカードの借金は膨れ上がり、そして、将来の計画はなし……」

「ぼくたちがそうだ」

「そういう人が多いのよ。でもこれはとっても残念なことだわ。だって、ウェルス・サイクル作りに向けて足を踏み出しさえすれば、自然とはずみがついて、自分が思っていたよりもずっと早く財産を築くことができるんですもの」

「それだったら楽しみだわ」

メアリーがそう言った。

「ウェルス・サイクルを始めた人はみんな同じことを言うわ。なぜもっと早く始めなかったのかってね。もとの生活に戻りたいという人は一人もいないわ」

マイクの方はメアリーほどには積極的ではなかった。

「努力したくないってわけじゃないけれど、ぼくは何も失いたくないんだ」

「私だってあなたがたに何かを失ってほしいとは思っていないわ。私のところに相談に来た人で最悪のケースは、60歳ですべてを失ったという男性だったわ。その人は35年間、大手航空会社のパイロットとして働き、会社の年金プランを信じてお金をつぎ込んできたのよ。ところが、会社が年金プランの廃止を決めたものだから、１００万ドル以上のお金を失ってしまったの」

マイクが大きなためいきをついてソファーに身体をうずめた。何か思い当たることがあったのだろう。

「マイク、私は何も昨日今日に起こり始めたことを話しているんじゃないのよ。エンロンの不祥事が明らかになるずっと前から、年金が安全ではないという話はみんな知っていた。それに、それは年金だけの話じゃないわ。投資信託とかそういうものも問題を抱えているのよ」

「社会保障はこの先どうなると思う?」

メアリーがそう聞いた。

「『保障』というのはどういうことか、よく見直さなくてはいけないわね。財産を築くことは物事を自分でコントロールできるようにすることだと思う。自分のお金がどうなっているかをしっかり把握することよ。それが生活を守ることにつながるんじゃないかしら」

「私たちにもそれができるかしら? 投資のことなんて何も知らないのよ!」

「学んで身につければいいのよ。投資について学ぶのは、実はあなたが思っているよりずっとやさしいのよ」

8つの質問に答えて現状を把握

2人の息子が外から帰ってきて両親のそばに腰掛けると、いよいよ、レナード一家のためのウェルス・プランを立てる準備が整った。

まずはウェルス・サイクル・プロセスの最初のステップ、ギャップ分析だ。ギャップ分析は、次から始まる8つの質問で行う。

■収入、支出、資産、負債を洗い出す

質問1 毎月の収入はいくらか？

質問をすると、メアリーとマイクはそろって息子たちの方を見た。彼らに聞かせていいものか迷っているのがわかったので、私は言った。

「お金の話はずっと長い間タブー視されてきたけれど、もっと堂々と話して良い時代になっていると思うわ。そうすれば外から助けも得られるし、自分で学ぶことも、子供たちに教えることもできるのよ」

私たちの多くは、お金の話は人前でするものではないと教えられて育ってきた。財産を築くための知識を得られない理由のひとつはこれだ。だから、ウェルス・サイクル構築の第一歩はここから始めよう。「お金の話を堂々としよう！」。

メアリーがうなずいた。

「私の給料は年に2万5000ドル、マイクは5万ドルよ」

この質問で聞いているのは税金を払う前の「総収入」の額だ。会社に勤めている場合でも、自分でビジネスをしている場合も同じだ。

ほかの多くの国でもそうだと思うが、アメリカでは大きく分けて2つの税金の払い方がある。

①お金を稼ぐ→税金を払う→お金を使う
②お金を稼ぐ→お金を使う→税金を払う

アメリカ国民は、お金の管理の仕方を知らないために、年に何十億ドルという税金をよけいに払っている。ウェルス・サイクルを構成するブロックのうち、「支出管理」と「法人利用」は税金対策に焦点をあて、稼いだものをよりより多く手元に残すためのものだ。

私はギャップ分析の表にメアリーとマイクの税引き前の収入の合計を記入し、下にその内訳を書いた（39ページ）。

質問2　毎月の支出はいくらか？

メアリーが紙の束と小切手帳を取り出した。

「これがうちの生活費よ。1カ月に3200ドルくらいかしら」

「まず第一に、**これからはきっちりと毎月の支出を把握すること。第二に、予算は立てないこと。ウェルス・サイクル・プロセスでは、予算を切り詰めて生活程度を落とすことはしないわ。これは、生活レベルを上げて、もっと楽しいものにするためにより多くのお金を作り出すプロセスなの**」

私は予算を切り詰めることほど窮屈なことはないと思う。それは食事制限をするダイエットみたいなものだ。誰でも一度は試してみるが、続かないし効き目もない。だからそんな無駄なことはやめよう。ウェルス・サイクル・プロセスでは「あれもだめこれもだめ」と考えるのではなく、「どのようにお金を使うか」を意識することが大事だ。

質問3 どんな資産を持っているか？

個人の資産というと普通、ローン残金を差し引いた持ち家の「実質価値《エクイティ》」、投資信託、個人年金口座、貯金などがある。

レナード一家の場合は、買った時と比べるとかなり評価が上がっていたので、持ち家の実質価値が35万ドルほどあり、それに加えて息子たちの教育資金、そのほかの貯金などがあった。

私はこの時点で、ウェルス・サイクルのブロックのうちどれを最初にもってきたらいいかわかった。それは「資産振り分け」ブロックだ。

つまり、持ち家の高い実質価値を利用して借りられるはずのお金や、個人年金口座や投資信託につぎ込まれているお金を、もっと直接的にコントロールできて、より多くの見返りをもたらす、別の形の資産に投資する必要がある。

今「怠けている」資産をたたき起こして、もっと効果的に割り振れば、メアリーの年収2万5000ドルは簡単に埋めることができるはずだ。

質問4 どんな負債があるか？

ここで私が見たいのは、それが「良い負債」か、「悪い負債」だ。

悪い負債というのは、資産を増やすためではなく、ライフスタイルを維持するために何かを買った場合の借金だ。普通はクレジットカードでの買い物がこれにあたる。

一方、持ち家を買うための借金は良い負債になりえる。なぜなら、実質価値が上がれば、家を担保にしてお金を借り、資産を増やすためのレバレッジに利用できるからだ（レバレッジは一般には「てこの作用」の意味だが、金融の世界ではよく、借りたお金を使って、手持ち資金だけを使うよりもはるかに大きな投資効果を上げることを指す）。

一家には1万ドルのクレジットカードの借金と、20万ドルの住宅ローンがあった。

質問5 ほかに見落としているものはないか？

8つの質問をする時、私はいつも「何かほかにない？」と聞き続ける。誰でも何かしら忘れるものだから、すべての収入、支出、資産、負債をリストアップするのはなかなか大変だ。

あとになってよく出てくるものとしては、子供の頃に祖父母からもらった株式、誰かに貸しているお金、給料から天引きされている財形貯蓄や年金プランの拠出金、子供の名義になっている教育資金などだ。別れた配偶者からもらっている――あるいは別れた配偶者に払っている――養育費も忘れる人がいる。

また、仕事を変わったことのある人は、前の会社の年金プランに拠出したお金や、パートタイムの仕事の収入、最近ではネットオークションでの買い物などによるお金の出入りを忘れている人もいる。

メアリーが子供の頃もらった株式（2000ドル）とマイクが人に貸していたお金（1000ドル）を足したあと、できあがったベースラインのリストを見て、ふたりは肩をすくめた。目の前にある数字が良いのか、悪いのかまったく見当がつかなかったからだ。

私は、**この作業は何が正しいとか間違っているとか判断するためのものではなく、ただ現状を分析するためだけのもの**だとふたりに言った。

■1年後のゴールを決める

質問6　どんなふうになりたいか？

レナード一家の現状がわかったところで、次に私は彼らの目標を聞いた。これは1年後のフリーダム・デー、つまり経済的自由を手に入れる日までに達成したい目標だ。

1年後の目標が決まったら、その目標を達するまでの4カ月ごとの計画を立てておくといい。目標は何でもいい――借金を完済する、勤めている会社を辞めて何かおもしろいビジネスを始め、そこから収入を得る、子供たちの大学進学費用を貯め始める、あるいは家族で世界旅行をする費用を貯めるなど、何でもいい。また、もっと大きな夢を持っている人もいるかもしれない。たとえば、新しい製品を開発するとか、慈善目的の基金を始めるなどといったことだ。

今私が挙げたことを全部やりたい、という人もいるだろう。それでもちっとも構わない。ただ覚えておいてほしいのは、**第一歩を踏み出すためには、まず最初の1年で達成できるようなプランを立てなければいけない**ということだ。

私はレナード一家が立てた目標をギャップ分析の表の下の欄に書き込んだ。ウェルス・サイクルが稼動し始めたら、数年のうちに、この目標は一段とレベルアップされるだろう。

■自分にはどんなスキルがあるだろうか？

質問7 お金を稼ぐために使えるスキルとして、どんなものを持っているか？

「私は役員補佐をしてきたから、組織を作ったり管理したりするのは得意だわ」

「他には？」

「……そうね、人とのコミュニケーションやコンピュータが得意かしら」

「ぼくは機械工で、ものを作るのが得意だ」

マイクが続けた。

「自家用ボートの修理はいつもぼくがやっているし、裏庭の物置もぼくが作った。ものを作ったり修理したりするのは向いているんだと思う」

「うちのサンドバギーもそうだよね」

長男のケリーがそう言った。

「すごくかっこいいんだ」

下の息子のコリンが続けた。

「まあね……でもぼくがやるのは、主にエアコンや冷蔵庫の修理だよ」

「サンドバギーの話をもっと聞かせて」

私はそう言った。マイクはちょっと驚いた様子だったが、うれしそうに目を輝かせた。レナード一家は私をガレージに案内してくれた。そこにはほこりをかぶったミニ四輪バギーが何台か並んでいて、その後ろに手作りのサンドバギーが1台止まっていた。

「うちもそうだけれど、サンドバギーのファンはたくさんいるよ」

コリンが言った。

「ぼくらはインターネットで2万ドルとかで売られているのより、ずっとかっこいいやつを作れるんだよ」

今度はケリーがそう言い、コリンが続けた。

「安くて2万ドルだよ。10万ドルで売られているのを見たことがあるよ」

「まあ、そうなの？」

私はマイクとメアリーの方に向き直って言った。

「財産を築くヒントがここにありそうね。真剣に考えてみましょうよ」

サンドバギーがウェルス・サイクルを稼動させる燃料になるのでは……と私は考え始めていた。

「これはビジネスになるわ。キャッシュ・マシンよ」

ウェルス・サイクルの燃料は2つある。1つは資産が生み出してくれる不労所得で、もう1つが、キャッシュ・マシンが生む収入、つまり自分で起こしたビジネスからの収入だ。

資産からの不労所得をウェルス・サイクルに還元するだけでは、サイクルは加速しない。サ

イクルを加速させるには複数の収入源が必要で、そのうち最も効果的なのがビジネスだ。

「もし自分でビジネスをやるのなら、サンドバギーを売るなんていうのではなくて、レストランをやりたいわ」

メアリーがそう言った。

「メアリー、まだそれは先の話よ。自分のやりたいことを始める前に、お金の稼ぎ方を学ばなくちゃいけないわ」

キャッシュ・マシンを作ってお金の稼ぎ方を学ぶ方法には2つある。

①すでに持っているスキルを使ったビジネスを起こす

②新たに身につけるスキルを使ったビジネスを起こす

①を選べば、少し退屈かもしれないが確実なことがわかっているのに、あえて②を選ぶ人の気持ちが私にはわからない。**この段階でのビジネスは、あくまでも、ビジネスを通してお金を儲ける方法を学ぶために手がける、いわば「手始めにやってみる」ビジネスだ。**

それに、このキャッシュ・マシンの目的はウェルス・サイクルに燃料を供給することだから、すぐに利益が出なければ意味がない。**このビジネスをどれにするか決める基準は、「どこで始めようと、1週間以内には利益を出せる」ということだ。**これこそがキャッシュ・マシンだ。

なじみのある分野でビジネスの起こし方、経営の仕方を学んだら、次に自分の好きな分野に進出すればいい。

すでに自分でビジネスを持っている人は、それがキャッシュ・マシンとして効果をあげているか見直そう。その際に注目すべき点は、マーケティングと流通だ。どんなにすばらしい製品を持っていても、店の棚の上に並べなければ誰に目にも留まらない。

レナード一家の場合、サンドバギーのビジネスは家族全員が関わることのできるキャッシュ・マシンとして最適だった。マイクが設計と製作、メアリーがマーケティングと流通・販売を担当して、息子はその両方に手を貸せばいい。1年に3台手作りバギーを売れば、マイクの5万ドルの年収をカバーすることができる。

ケリーとコリンは両親と一緒にビジネスをやるというこのアイデアがとても気に入ったようだ。これまで父親の手伝いをしてバギーを作るのも楽しかったが、自分たちで作ったバギーを母親と一緒に売ると思うと、やる気が一層出たようだった。

■頭でわかってもダメ。行動しよう!

質問8 自ら進んでウェルス・サイクルを作り、稼動させる気があるか?

「『これは良いアイデアだ』とか『こうしたいなぁ……』と思うだけでは充分じゃないのよ」

私はそう説明を始めた。

「行動を起こして、その行動によってお金持ちになれることを自分で実証しなくてはいけない、つまり、実際に努力しなくては何にもならないの」

経済的な問題を解決する一番の近道は、しっかりした計画を立ててそれを実行することだ。たとえ自分はまだその用意ができていないと思っていても、たいていの場合は、まず行動してみると、その用意をするきっかけが手に入る。

たとえば、銀行で貸付係と話をする約束をすれば、それまでに自分の経済状況をきちんと把握しておこうと努力するだろう。準備がすっかりできるまで約束を取り付けるのを待っていたら、いつまでも話が先に進まない。

資産形成プランを先に進ませるのに、自分だけでなく「チーム」が必要なのはそのためだ。それに、すでに財産を築いている人、このプロセスを通ってきた人からアドバイスやサポートしてもらえば、間違いをする可能性を少なくすることもできる。

メアリーとマイクはふたりで顔を見合わせ、それからやる気満々でいる息子たちの方を見た。

「自分から進んでウェルス・サイクルを作り、そのプロセスを実践していこうという気がある？　もしそうだったら、『イエス』とだけ言ってちょうだい」

「イエス」マイクとメアリーが次々にそう言った。

「おめでとう。それがこの問いの正解よ！」

妻のメアリーがもうすぐ定収を失ってしまう
レナード一家のギャップ分析

現状はどうなっている？

収入（税込）	資産
6,250ドル／月 夫マイク　4,170ドル 妻メアリー　2,080ドル	397,500ドル 持ち家の実質価値　350,000ドル 個人年金口座（IRA）30,000ドル 教育資金用投資信託　16,000ドル 銀行預金　1500ドル 株式　2000ドル
支出	**負債**
3,200ドル／月	211,000ドル 持ち家のローン クレジットカードの買い物

持っているスキル

機械製作・修理（マイク）
組織作り・組織管理（メアリー）

数カ月後には
この分がなくなる。

ハイスクールに
通う２人の息子
の大学進学
費用には
とうてい足りない。

1年後、どうなっていたい？

- メアリーは再就職しない
- メアリーの給料を補うだけの不労所得を得る
- 大学進学資金調達プランを軌道に乗せる
- 借金を完済する
- 収入を生むビジネスを所有・経営する

第**3**章

資産形成プランの組み立て方

何から先に手をつけるべきか

テレビ番組の第2話のために、レナード一家がこれからずっと使えるような資産形成プランを作るところを収録することになったが、プロデューサーの女性は、メアリーが仕事を失うこと、そして再就職しないことを心配していた。

「一家の収入はメアリーが働いていた時よりも増えるのよ。そればかりじゃないわ。借金もなくなるし、学資のめどもついて、マイクも仕事を辞められるわ」

私はそう説明した。

「ちょっと待って、ローラル。収録期間は6カ月しかないって言ってあったわよね」

「ええ。**6カ月たった時には、すべてが軌道に乗っていて、1年後に目標が達成できることがはっきりわかるようになっているわよ**」

レナード一家の現状と目標がわかったところで、私たち「ウェルス・チーム」は彼らの収入を増やす方法——資産からの不労所得と自分のビジネスから収入を得るチャンスをできるだけ多くするための方法——を考え始めた。**私が提案したプランは、メアリーの給料にあたる収入をほかから得るだけでなく、いずれはマイクも仕事を辞めることができ、家族がこれからずっとお金に困らず、豊かな生活ができるようにするためのものだった。**

まずは自分の経済状況を知り、目標を立てるところから始める

8つの質問に答えたレナード一家が次にやるべきことは、ギャップ分析をきちんと整理することだ。ギャップ分析とは、あなたの現在の経済状態「ベースライン」と長期的な目標——いつか「こうなりたい」と思っている経済状況——との差がどれくらいあるかを見極めるための作業だ。

この差が小さい人もいるかもしれないが、将来に夢を持っている多くの人の場合、かなり大きいはずだ。実際のところこれは大きい方がいい。**大きなギャップは夢の実現を妨げるどころか助けになる。**夢の実現に不可欠と言ってもいい。あなたのチャレンジ精神を刺激してやる気を起こさせてくれるのだから！

これまでは、多くの人にとって、60歳、あるいは65歳で引退して悠々自適の生活を送ることがひとつの目標だった。でも、よく考えてみれば、お金の心配をしないでいい状態、つまり経

済的に自由になるのは何歳でもいいはずだ。ウェルス・サイクル・プロセスでは、昔から人生のひとつの目標、区切りとされてきた「定年退職」ではなく、経済的自由を手に入れる日、「フリーダム・デー」を自分で決めよう。

■ギャップ分析——現状と目標の差を見極める

レナード一家のベースラインとしてはっきりしたことは、近いうちに給与所得が1つ減ること、クレジットカードの借金があること、そして、ふたりの息子の大学進学資金が不足していることだ。

ベースラインをはっきりさせると、銀行通帳を見ただけではわからない家計の状況が見えてくる。収入、支出、資産、負債を含むこの表は、いわば簡単な「財務諸表」で、これによって現在の経済状態がわかり、それと同時に、自分が望むライフスタイルを続けるにはどれくらいのお金が必要かもわかる。

現状の姿と理想の姿が認識できたら、まずは1年後の目標を立てよう。目標を上手に立てる鍵は、チャレンジ精神を刺激する程度にハードルは高くするが、足踏みをしてしまうほどには高望みをしないということだ。

レナード一家の場合は、①メアリーの給料をカバーする収入を確保する、②自分たちでビジネスを始めて軌道に乗せる、③借金を完済する、そして④学資プランを立て直す、という4つが1年後の目標だとわかった。

投資が先か、起業が先か、借金返済が先か

次に、ウェルス・サイクルを稼動させるためのブロック6つ（「資産振り分け」「キャッシュ・マシン」「法人利用」「支出管理」「借金管理」「財形口座」）を順序よく並べる。その順序は、その人によって違う。その人のニーズと目的に合わせて並べなければいけない。あなたも本書に紹介されたいろいろな例を見ていくうちに、自分に合った並べ方がわかってくると思う。私は、レナード一家は、まず最初に、資産の振り分け方を変えるべきだと考えた。

■資産振り分け——眠っている資産を叩き起こす

レナード一家の場合、次のステップは資産を適切に配分することだった。メアリーが再就職せずに自分たちのビジネスに専念できるように、ほかからの収入を確保することが先決だったからだ。そのための鍵は、今何もしないで眠っている資産を有効活用して、「お金を自分たちのために働かせる」ことだった。

ウェルス・サイクルには、資産を効率よく築くための新しい形の加速装置をつけなければならない。ここでいう加速装置とは、株式や債券、投資信託などの、一般の人の投資先として昔

から考えられてきたもの以外の投資先のことだ。より広範な投資先に資産を割り振り、直接的に管理することによって、キャッシュフローと資産評価を継続的に増やしていくのだ。

もちろん、そのためには知識と経験の豊富な専門家や、現場を知り尽くしたフィールド・パートナーを集めたチームが必要だ。専門知識なしに資産の割り振りはできない。それは危険すぎる。でも、**有能なチームを味方にすれば、あなたも金持ちが利用する情報やレバレッジ、リスク軽減法などが利用できるようになる。**

一般的に、投資には2つのタイプがある。キャッシュフローを生み出すことを目的とした**「収益型投資」**と、資産の価値を増やすことを目的とした**「成長型投資」**だ。メアリーの給料がなくなったレナード一家には、それを補うだけのキャッシュフローが必要だった。つまり、持ち家や投資信託など、今持っている成長型資産を、収益型投資に振り替える必要があった。

マイクとメアリーが持っていた資産は次の通り。

- 持ち家の実質価値　35万ドル
- 個人年金口座（ＩＲＡ）　３万ドル
- 教育資金用投資信託　１万６０００ドル
- 現金（銀行預金）　１５００ドル
- 株式　２０００ドル

そして、ふたりは次のようにして投資用の資産を生み出すことに決めた。

1. 持ち家を担保にして新たに10万ドルの融資を受ける。

2. 証券会社任せにしている個人年金口座の3万ドルを、自分で投資先が選べるような年金口座に振り替える。

3. 教育資金用の投資信託1万6000ドルを売って、もっと効率よく利益を生む資産を買う。

4. メアリーの祖母からもらった2000ドルの株券を売って、別に使う。

以上の4つの方法で、収益型の投資をする資金として、レナード一家は14万8000ドルを作りだした。その後、私が彼らのために用意した専門家チームの手を借りながら、マイクとメアリーはいくつかの選択肢を検討し、最終的には次のようにすることにした。

この表からわかるように、レナード一家は今持っている資産の一部をほかの資産に振り替えるだけで、メアリーの給料を必要としなくなるという目標を1つ達成することができた。レナード一家は、不動産を軸に資産振り分けを行った。ここでのポイントは3つある。

①実質価値を現金に変える

ここで「資産を現金に変える」というのは、主に、持ち家の資産価値から住宅ローンの残り

を差し引いた住宅の実質価値（ホームエクイティ）を担保にして融資を受けることを意味する。

多くの人は、持ち家は万一に備えた資産で、それに手をつけるのは危険すぎると考えがちだ。でも、金持ちになりたいと思ったら、ある程度の利益を生む資産に投資する必要があり、実質価値を持つ家はその手助けとなる。あなたがしっかり下調べをし、有能な専門家の助けを借りて、住宅を担保にして融資を受け、利益を生む資産に投資すれば、あなたがお金を銀行に預けた場合、銀行がそのお金を使ってやるのと同じことを自分自身でやることになる。あなたのお金を使ってお金を稼ごうと思ったら、あなた以上の適任者はいないはずだ。

②キャッシュフローを生み出す資産を買う

毎月プラスのキャッシュフローを生み出す不動産というのは、評価額があまり高くなくて手ごろな値段で手に入れられ、家賃収入が安定している賃貸物件だ。レナード一家のひとつ目の不動産投資Aの場合、物件価格が10軒で6万ドル、そのうち4500ドルを頭金として払い、1500ドルを手数料などとして払った。そして、1軒あたりの家賃収入は695ドルで、住宅ローンの返済や物件管理・維持費の合計が495ドルだったので、それを差し引いたキャッシュフローが200ドルになるというわけだ。不動産投資用の資金をAとBの2つの種類の物件に分けた理由は、割りの良いAのような物件がすぐ見つかるとは限らないことと、異なるフィールド・パートナーを使って投資を多様化した方が良い場合があるからだ。

完成！

資産をうまく投資して一人分の給料をカバーする

レナード一家のウェルス・プラン

現状はどうなっている？

収入（税込）	資産
6,250ドル／月 夫マイク　4,170ドル 妻メアリー　2,080ドル （数カ月後にはこの分がなくなる。）	397,500ドル 持ち家の実質価値　350,000ドル 個人年金口座（IRA）30,000ドル 教育資金用投資信託　16,000ドル （ハイスクールに通う２人の息子の大学進学費用にはとうてい足りない。） 銀行預金　1500ドル 株式　2000ドル
支出	**負債**
3,200ドル／月	211,000ドル 持ち家のローン クレジットカードの買い物

持っているスキル
機械製作・修理（マイク） 組織作り・組織管理（メアリー）

1年後、どうなっていたい？

- メアリーは再就職しない
- メアリーの給料を補うだけの不労所得を得る
- 大学進学資金調達プランを軌道に乗せる
- 借金を完済する
- 収入を生むビジネスを所有・経営する

こんなプランなら、目標を実現できる！

ここがポイント！
持っている資産の一部を別の投資へ振り替えるだけで、一人分の給料がカバーできた。

収入（税込）	資産
不労所得 プラスのキャッシュフロー 2,620ドル／月	資産148,000ドル分の振り替え
不動産A　2,000ドル／月 ←	・賃貸物件Aを10軒購入　60,000ドル（それぞれの物件から200ドル／月のキャッシュフロー）
不動産B　300ドル／月 ←	・賃貸物件Bを2軒購入　16,000ドル（それぞれの物件から150ドル／月のキャッシュフロー）
約束手形への投資からの利益 320ドル／月 ←	・年利12パーセントの約束手形への投資32,000ドル
資産評価額上昇を目的とした投資 ← 1年目　52,000ドル 2年目　67,600ドル	・評価額増を狙える不動産を購入 40,000ドル
キャッシュ・マシン サンドバギー製造・販売： 5,000ドル／月〜	

ここがポイント！

現金を稼ぎ出すビジネスの立ち上げで、マイクが仕事を辞めても生活でき、さらに教育資金を貯める余裕もできる。

③不動産評価の値上がりを狙う

資産価値が上がる物件を手に入れようと思ったら、場所を慎重に選ぶ必要がある。今値段がどんどん上がっているような地域では、貸付利子が高いせいで今後市場の動きが鈍くなり、資産価値の値上がりが見込めるどころか、家賃よりも支出がかさんでしまう事態にもなりかねない。市場の変動に注意して、投資戦略と市場を賢く選ぶことが大事だ。

ウェルス・サイクルを稼動させるためには、レナード一家の例で示したように、**自分の手で資産を運用すること、貯蓄や投資信託のようなこれまでよく使われてきた投資手段とは違った形の投資をすることが必要だ。**

金融アドバイザーの中には、住宅を抵当にして借金をするのは危険だと言う人も多いが、資産運用を他人に任せて——たとえば投資信託を買うなどして——、利益が出るようにとただ祈るより、積極的に自分で運用する方がずっとリスクが低い。そうすれば、株式市場の変動に振り回されたり、ファンドマネジャーの間違いの被害を受けたりすることもない。業界の現場に精通していて、手助けをしてくれる「フィールド・パートナー」を自分で選び、自分の頭で考えて、自分のお金を運用し、自分のための利益を得る。それがウェルス・サイクルだ。

現金を稼ぎ出す装置で資産形成を加速する

レナード一家の場合、今持っている資産を「利益を生む資産」に新たに振り分けることで、年間約3万ドル以上の不労所得を生み出すことができた。これは、前にも言ったように、近いうちになくなるメアリーの給料を充分カバーしている。

つまり、レナード一家は今と同じ生活が維持できるというわけだが、これでは充分ではない。資産を増やそうと思ったら、それ以上のお金を稼いで、ウェルス・サイクルを加速させる必要がある。その方法がキャッシュ・マシンを作ることだ。

■キャッシュ・マシン——すぐに利益の出せるビジネスを立ち上げる

資産を増やしたい人は、経営のノウハウを身につけた「起業家」になるのが近道だ。ウェルス・サイクル・プロセスでは、不動産などに投資するだけでなく、ビジネスを起こしてそこからより多くの利益を上げる方法を学ぶ必要がある。ビジネスはそのほかの投資からの不労所得にさらなる収入を付け加えてくれると同時に、節税に役立ってくれる。ビジネスは、ウェルス・サイクルの燃料となるお金を生み出すキャッシュ・マシンだ。

初期の段階では、自分でビジネスを立ち上げ、自分の時間と労力を使って働くことがキャッシュ・マシンとなるが、そう遠くない将来、ビジネスを軌道に乗せたあとは、誰かを雇って仕事をやってもらい、ビジネスを継続させることができる。

例えば、学校の先生が家庭教師ビジネスを始めようと思ったら、最初の頃はそれがどんなにいやでも自分で家庭教師をしなければいけないかもしれない。でも、起業や経営のノウハウを学び、多少の利益を出せるようになった後は、知り合いの先生を雇って働いてもらい、自分はマーケティングや経営に専念することができるようになる。

「自分で会社をやりたいかどうか、自信がないなあ。危険すぎる気がする」

マイクがそう言った。

メアリーがそれに続けてこう言った。

「私はまた前と同じような仕事が見つかればそれでいいわ」

「いいえ、それは違うわ。会社に勤めて他人のために働き、投資を専門家の手に任せておく方がリスクが高いのよ。あなたがたには大金持ちになるだけの能力がある。だったら、なぜそうしないの？」

私はそう言った。

マイクは肩をすくめた。

「怖いんだと思う」

「その気持ちはよくわかるわ」

ビジネスを起こすことを考えた時、不安でしり込みするのはメアリーやマイクだけではない。今では、自分が思ってもみなかったほどのお金を稼いでいる私だって、ここに至るまでにはたくさん間違いを犯し、お金を損してきた。**億万長者（ミリオネア）の多くは同じような経験をしている。間違いを犯すことは何かを学習するために必要なプロセスだ。間違いから学び、同じ間違いを犯さないようにすることが大事だ。学習プロセスで失敗を犯すことを自分に許せば、それを乗り越えたあと目標を少しずつ高くすることもできる。**

ビジネスを通してお金を稼ぎ、稼いだお金を手元に残す方法を学ぶのに必要なことのひとつは、会社組織を作ることだ。今自分が持っているスキルをもとにしっかりしたビジネス戦略を立て、お金を稼ぐと同時に経営手法を学ぶためには、きちんとした形の会社がぜひ必要だ。ここでも、「会社設立なんて……」としり込みする人がいるかもしれないが、不安や恐怖に足を引っ張られることはない。会社を作るのは意外と簡単だ。本書も含め、会社設立のための情報は書籍やインターネットで簡単に収集することができる。

私はレナード夫妻と一緒に簡単なビジネスプランを立てることから始めた。

一家の趣味のサンドバギーをビジネスにするために一番必要なことは、マーケティングと流通、つまり顧客を見つけることだった。そもそも、ビジネスを起こす資金を集めるために、まず1台売らなければならない。顧客の注文に応じてカスタマイズすれば、2万ドル程度の価格をつけられそうだったし、マーケティングとセールスのやり方がわかってきたら、もっと高級な製品を1台10万ドル程度で売ることもできそうだった。

計算してみると、レナード一家はこのキャッシュ・マシンから月に5000ドル程度を稼ぎ出せそうだった。つまり、今4000ドル強の給料で働いているマイクは仕事をやめることができるということだ。それに、最終的には今のメアリーの給料も含めた6000ドル強の収入をすべてカバーすることも可能と思われた。機械工の技術を持つマイクは、比較的簡単に再就職の口を見つけることができると思われたので、彼らには万が一に備えた「セイフティ・ネット」もあった。

■法人利用——会社組織を作って税金の優遇を受ける

次にレナード一家に必要だったのは、賃貸不動産のような直接的な投資の管理と、サンドバギーの製造と販売のために、どんな形態の法人が適切か決めることだった。私が勧めたのは、賃貸不動産事業を扱う有限責任会社を2つ、サンドバギーの販売をするSコーポレーション、そして、それらの会社全体を保護するための家族信託の設立だ。

ウェルス・サイクル・プロセスでは自分の家計全体をひとつのビジネスとして考えるといい。そして、そのビジネスから効率よく利益を上げるために、異なる形態の法人組織を利用する。

アメリカでは、法人には家族信託、有限責任会社（LLC）、Cコーポレーション、Sコーポレーション、リミテッド・パートナーシップなどの形態があり、これらは税法上、個人の資産とは違った取り扱いをされる。もちろん、その形態によって責任範囲や税法上の取り扱いが違うが、一般に、法人組織にした方が個人より税制面で有利なことが多く、資産により多くのキャッシュフローを生ませることができる。

私たちの多くが学校で受ける訓練は、良い会社に就職して「良い勤め人」になるためのもの、あるいは専門技術を身につけて「自営業者」になるためのものだ。でも、「良い勤め人」で大金持ちだという人は数少ない。私が知っている大金持ちはみんな、会社を起こして税法上の優遇を充分に受けて資産を築いている。

だからと言って、従業員になったり、専門技術を活かした自営業者になることと、会社組織を作ることが矛盾するというわけではない。両立させることは可能だ。ただ、**どんな人でも、税法上の優遇を充分に受けてウェルス・サイクルを稼動させるには会社組織を作ることが必要不可欠だ。**

これはアメリカだけでなく、多くの国で言えることなので、ぜひあなたの住んでいる国の法人と税法についてよく調べてみてほしい。

最終的に自分に合った会社を作るためには、弁護士、会計士、税理士、金融アドバイザーなどの専門家の意見を聞くことが大事なのはどの国でも同じだ。

個人と法人それぞれの会計データを作ろう

		収入	支出	資産	負債
個人					
法人	不動産（夫妻所有） 不動産（子供に譲渡予定） サンドバギー販売会社 その他のビジネス				
合計額					

■支出管理——帳簿を作って個人と会社の支出を記録する

節税対策を立てるためには支出の予測と管理が不可欠だ。そのためには、個人と会社のそれぞれにつき、資産、負債、収入、支出の４つを含んだ会計データを作る必要がある。レナード一家の場合は次のような表を作った。

この表を埋めるには、専門知識を持った帳簿係を雇う必要が出てくるかもしれない。あなたの貴重な時間と労力をよけいなペーパーワークにとられるより、その方がいい。資産を築こうとしているあなたの時間はもっと有効に使おう。

■借金管理——資産作りと同時に返し始める

次のブロック、**借金管理に関しては、ウェルス・サイクルでは「5段階式借金返済プラン」というものを使う。**この方式に関しては本書第９章で詳しく説明する（119ページ）。

この借金返済プランは資産形成プロセスを開始すると同時に始める。

そもそも、ウェルス・サイクル・プロセスに含まれるすべてのブロックは、優先順位こそあれ、ほとんど同時に進行するものも多い。例えばレナード一家の場合、借金管理は優先順位の1番ではないが、実際は資産の振り分けを開始すると同時に、借金も返済し始める。

「悪い借金」をなくすことはウェルス・サイクルの中でも重要な意味を持っている。クレジットカードの借金を返済するために高い利息を払っている人は、本来なら投資してより多くのお金を稼ぐために使えるはずの、貴重なお金を損しているのと同じだ。**収入が入る前にお金を使ってしまう、あるいは、投資をする前にお金を使ってしまうのは、自分からお金を捨てているようなものだ。**悪い借金はなくそう。

ウェルス・サイクル・プロセスで使う**「5段階式借金返済プラン」は、借金をなくすと同時に資産を作り出していく。だから、借金が完全になくなるまで待たなくていい。**

■財形口座——なにより、自分に支払うことを優先する

レナード一家の次のステップは財形口座を設けることだった。これは、マイクの給料と、新たに始めるビジネスや投資による収入の一部を必ず投資用にとっておくための口座だ。**収入の一部を投資に回すことは、資産に常に燃料をつぎ込むために必要不可欠だ。**

財形口座で大事なのは「優先支払システム」だ。これは「まず自分に支払う」という、資産形成の基本となる考え方を実践するためのシステムだ。これについては第8章で詳しく説明す

る（180ページ）。

財形口座は銀行や証券会社に作るといい。ある程度利子がもらえるようなものを選ぶのがいいが、賃貸不動産やビジネスなどもっと割りの良い投資対象が見つかったらすぐにお金が引き出せるようにしておく、というのがポイントだ。口座を開いたら、優先支払システムを始動させる。つまり、自分の給料を含むすべての収入から、毎月一定の額を財形口座に回すようにする。できれば自動的に振り替えるようにしておくといい。

財形口座にお金が貯まってきたら、それをキャッシュフローを生む資産に変えて「お金を働かせる」。

ウェルス・サイクル・プロセスでは、不労所得を生む資産に投資をして、そこから得られた収入をさらに多くの不労所得を産む資産に再投資する。収入を資産に変え、資産に収入を生ませるというこのサイクルこそが、安定した資産を築く鍵だ。**つまり、お金のためにあなたが働くのではなく、お金をあなたのために働かせる。そして、あなたは、資産からより多くの利益を得る方法を考えることに専念するというわけだ。**

お金持ちになる人の考え方を真似しよう

そして最後に資産形成プロセスの精神的な土台となる3つのマインド、「チームワーク」「リーダーシップ」「思考の転換」について説明しよう。この3つは、どれが先といった優先順位はなく、プロセス全体を通じて、常に3つとも存在していなくてはならない。お金持ちには、必ずこの3つが備わっている。お金持ちになりたければ、彼らのやり方や考え方を真似しよう。

■チームワーク――あなたの資産形成を助けてくれるチームを作る

「億万長者になるのにチームなど必要ない」「自分は独力で億万長者になった」などと言う人は本当のことを言っていない。資産を適切に振り分け、ビジネスを立ち上げ、会社を設立し、支出管理をするにはあなたを助けてくれるチームメイトが不可欠だ。

そして、**資産形成のための戦略を立て、それを実行するのを助けてくれるチームを指揮することこそが、ウェルス・サイクル・プロセスにおけるあなたの仕事なのだ。**

チームメイトとなるのは、弁護士、会計士、税理士、金融アドバイザーといった専門家だけでなく、今勤めている会社の同僚や、良い投資のチャンスを見つける手助けをしてくれる、業界に精通したフィールド・パートナーだ。

資産を生み出すためにはさまざまな分野の知識が必要だが、あなたはそのすべての専門家になる必要はない。専門家をチームに加えて、あなたのゴールに向かって彼らを導いていけばいい。チームはあなたがしなければならない面倒な仕事を減らしてくれる一方で、成功のチャンスを増やしてくれる。

金持ちは、信頼できるフィールド・パートナーや優秀なアドバイザーをチームに加える。**チームの中であなたが一番頭が良いというのではあまり成果は望めない。自分より経験はもちろん、知識も多い人とチームを組むことが大事だ。**経済状態が同じくらいの人と一緒にいれば気楽かもしれないが、そこには成長も拡大もない。チームメイトから学び、刺激を受け続けるのが一番効率的で効果的な方法だ。

このチームには家事を手伝ってくれる人を加えてもいい。**「資産を築く人は自分で掃除をやる必要はない」というのが私の持論だ。**家事は人を雇ってやってもらうことができる。そうすれば、より多くの時間を資産形成のために使える。1時間10ドルでだれか雇えば、月に400ドルで40時間余分な時間ができる。400ドルでは高すぎると思ったら、200ドルでも100ドルでもいい。自分の時間を作るために投資しよう。そうすれば、「時間がない」という言いわけは通用しなくなる！

■リーダーシップ――チームを作っても任せきりにはしない

金持ちは資産形成プランの中で必ずリーダーシップをとる。もちろん、実際の資産形成活動の一部はチームのみんなに委託してもいいし、そうすべきだが、先頭に立ってプランを導いていけるのはあなた以外にいない。あなたが常にアクセルを踏み続けなければ、エンジンは止まってしまう。**あなたの資産について一番心配していて、気にかけているのはあなただ。あなた**

がリーダーシップをとらなければ、成功はおぼつかない。

ウェルス・サイクル・プロセスを形成するそれぞれのブロックについて学び、それらをしっかり積むことができるのもあなただけだ。今いる場所に居座るのは楽だし、惰性を使って進むのも短距離なら楽でいいかもしれないが、長期的に見たら結局は自分が痛い目を見る。今のままでいいという人はそれでもいい。でも、自分で自分の人生の舵を取ろうと決心して、先頭に立って進めば、きっともっと高い目標を達成できる。

■思考の転換——刷り込まれてきた考え方を変える

みなさんにも想像がつくと思うが、レナード一家の場合、まったく新しい思考の転換が必要だった。メアリーもマイクも、自分たちはずっと会社員として働き続けるものだと信じてきたからだ。彼らには、その考え方を捨てて、ビジネスを所有しどんどん資産を築いていくというイメージを受け入れる必要があった。

何か新しいことを始める時に、まず心構えから変えるというアプローチもあるが、ウェルス・サイクル・プロセスの場合は、それよりも行動することに重点を置く。まず自分の行動を変え、次に考え方を変え、それと同時に資産を築いていくということだ。

資産形成のプロセスは頭の中で考えていただけでは決して実現しない。自分の手を動かし、自ら実現しなければだめだ。実際、このプロセスを始動させてみると、お金に関してこれまで教え込まれてきたこと、自分が信じてきたことに真正面からぶつかる。まず、**お金に対して自分がどう考えているか、どう感じているか、意識するようにしよう。次に、行動を通して、これまでに刷り込まれてきた思い込みを変えていこう。**お金との関係はこれからずっとあなたがコントロールし、良い方向に導いていかなければいけないものなのだから。

私は相談に来た顧客に、私のやり方に従って自ら進んでやる気があるかどうか確かめる。彼らがこれまでやってきた方法は、悪いものではなかったかもしれないが、効果がなかったのは明らかだ。そうでなければ、すでに目標に達しているはずだし、私のところに相談に来たりしないはずだ。ウェルス・サイクル・プロセスを始めてみるとわかるが、あなたはまず白旗を掲げて降参し、ゼロの状態から学び始めなければならない。これはあまり気分の良いものではないだろう。でも、そうすることであなたは必要なものを手に入れていく。

資産作りは曲芸でもなんでもない

レナード一家を取り上げた番組を撮り終わったあと、プロデューサーが電話をしてきた。「ローラル、あんなことができるなんて信じられないわ。これまで会社に勤めること以外、何もやったことのなかった夫婦の家庭に、近いうちになくなる1人分の給料をまるまるほかの方法で穴埋めさせるなんて……。あなたはあのやり方を何と呼んでいたかしら？　そうそう『怠け者の資産の目を覚まさせる』と言ってたわね。レナード一家は、今では息子さんたちもサンドバギーの会社名の入った名刺を持ち歩いていて、会社法人や節税対策について私に説明をするようになっているのよ。ああいったことは、会社のお偉方にしか関係のないことだと思っていたわ。あなたのおかげであの一家は借金から抜け出すことができた。そして今は資産を築いているんだわ。それも本当に価値のある資産をね！」

「本当によかったわ」

私はそう答えた。

「今回みたいな芸当がもう一度できると思う？」

「**これは『芸当』でもなんでもないのよ。何度だって繰り返せるわ**」

第4章

資産を振り分けなさい！

適切に配分するということ

資産形成の秘訣は、新しい資産を生み出す資産に投資することだ。だから、資産はウェルス・サイクルに欠かせない。

アインシュタインはこう言っている。

「世界の8番目の不思議は、お金の複利の力だ」

投資は一生を通じて続くプロセスだから、できるだけ早く始めるのがいい。時間の経過と共にあなたの腕が上がれば、資産の活用の仕方を変えてどんどん収入を増やすことができる。でも、この道に足を踏み入れるのが遅くても、悲観することはない。このプロセスは、何歳で始めても効果がある。ウェルス・サイクル・プロセスを始動させ、クレジットカードなどの借金を返済すれば、3年から5年以内に億万長者（ミリオネア）になることが可能だ。

成功している投資家の大部分は、少しずつ、着実に投資を続けることによって、最終的に大きな富を手にしている。複利の力を軽んじてはいけない。**億万長者は資産から得られた利益を常に再投資し、可能なかぎり多くの収入が自分のもとに流れ込んでくるようにしている。**彼らの多くは、常に新しい投資先を探し、資産の多様化を心がけている。

今の時代は、資産を形成するのに絶好の時だと言っていい。情報時代の今は世界中でチャンスが生まれていて、だれでも簡単に情報を集めたり、チャンスをつかむことができる。つまり、ウェルス・サイクルを作る方法を学ぶのはまさに今、というわけだ。

収入で資産を買い、資産から収入を生む

ウェルス・サイクルを始動させ、それを継続的に稼動させるためにあなたがすべきことは次の7つだ。

1. 優先支払い方式（第8章180ページ）を使って、毎月稼いだお金の一部を必ず財形口座に回す。

2. 財形口座に貯まったお金を、プラスのキャッシュフローと評価増が期待できる投資チャンス（不労所得を生み出し、実質価値の上昇が見込めるもの）に投資する。

3. 2によって得られた不労所得を、資産を増やしてさらに多くの不労所得を得るために再投

資する。

4. 資産とそこから得られる不労所得を保護するために会社法人を起こす。

5. 会社法人の収入と支出を正しく見込むことで、最善の税金対策を立てる。

6. ウェルス・サイクルを加速するためのキャッシュ・マシンを作る（起業する）。

7. キャッシュ・マシンからの利益の一部をその会社の「保有口座」にとっておくようにする。

これは個人でいう財形口座のようなもので、ほかの資産に投資するためのお金を貯めるためのもの。あなたが所有するほかの会社に資金が必要な時は、貸し出すこともできる。

収入を資産に変え、資産から得た収入をまた資産につぎ込むというこのサイクルこそが、資産形成・維持の鍵だ。このようにしてお金をあなたのために働かせれば、あなたは資産からの利益率を上げることに専念できる。この章で取り上げたリック・ヌーナンは、効果的な資産の配分の方法がわかっていなかった典型的な例だ。

貧乏暇なし生活は思考停止の罠

リック・ヌーナンとその妻は、3人の子供とともにシアトル郊外に住んでいた。リックにはたくさんの資産があったが、それをどう使ったらいいかまったくわかっていなかった。

一家の家計は一見安定しているように見えたが、36歳になったリックは、自分と妻がいつも忙しくせっせと働いているのに、何かを生み出しているようには思えずにいた。そして、勤め先の会社の歯車のひとつになってしまった今のような生活を定年まで続けられるかどうか、不安に思っていた。

毎日、自分のためではない仕事に10時間、通勤に2時間をかける……そんなリックは、私には「通勤マシン」のように思えた。リックのような例はよくある。目の前のことをやるのに精一杯で、立ち止まって自分を見直し、今せっせとやっていることが何かの役に立っていないことに気付く暇もない。切羽詰まらないかぎり、わざわざ時間をとって人生を見直そうという人は少ないものだ。

リックよりも多くの借金を抱え、低い給料で働いている人たちは、彼の話を聞いて「何が不満なんだ?」と疑問に思うかもしれない。でも、みんな知っているように、どんな経済状態であっても、お金のことはストレスと悩みの種になり得る。

充分な資産と収入があって、お金のことは心配せずに、家族や友人、健康や趣味、心を豊かにする活動や経験のために自分の時間とエネルギーを使える……そんな状態になれたらそれに越したことはないが、お金に不安があればそれもおぼつかない。

資産形成プロセスには億万長者になるほかにも利点がある。それは、そのゴールに達した時には、考え方や行動の仕方が変わって、まったく新しい人間になっていることだ。

私はギャップ分析のための表を取り出し、リックに8つの質問をした。リックは8分かからないうちにすべての質問に答えた。

■問題点はどこにある?

質問1 毎月の収入はいくらか?

「税込で妻は年間7万ドル、ぼくは8万ドル稼いでいます」

質問2 毎月の支出はいくらか?

「税金を払ってぎりぎりですね。毎月7000ドルくらい使っています」

リックはそう言って、ちょっと肩をすくめた。

「でも、本当言って、はっきりはわかりません。何か会計ソフトみたいなものを買わないといけないんでしょうね?」

質問3 どんな資産を持っているか?

「これはたくさんありますよ。持ち家の実質価値は30万ドルくらいですし、ぼくが勤めている会社の株も約5万ドル相当は持っています。それはすぐには現金にできませんけれどね」

リックの会社の株は会社を辞めればすぐ現金化できる。私はいずれにしてもリックに仕事を辞めることをすすめるつもりだった。アメリカの税法では不動産投資を専業にやっていない限り、経費として落とせる減価償却費用は年間2万5000ドルまでしか認められていない。不動産投資を始めたあとも働き続けたら、2人は何千ドルもの償却可能な費用をむだにすることになる。

質問4 どんな負債があるか？

「住宅ローンが8万5000ドル残っていますが、毎月返済しているのでそれは順調に減っています」

質問5 ほかに何かないか？

「銀行に1万ドルあります。それからぼくの個人年金口座に4万ドル、同じく妻の口座に3万ドルあります。それから、前の会社にいた時にやっていた401k（確定拠出型年金）もあります。妻と合わせて合計6万ドルになります」

■こうはなりたくない、ではなく「こうなりたい」をイメージ

質問6 どんなふうになりたいか？

誰でもそうだが、リックもこの質問に答えるのに少し手間取った。最近の傾向として、人に夢を語らせるにはちょっと「押し」が必要だ。多くの人は実現可能性の高い、安全な夢を答える。それは、生活するのが精一杯でどうすることもできないように感じていて、夢を見ることをやめてしまったからだ。

たいていの人は「こうはなりたくない」という希望は持っていて、それを避けようとは努力するが、本当の夢に向かって突き進もうとはしない。今こそ、忘れかけた夢を掘り起こす時だ！　**大きなものを手に入れるには、まず大きく考えなければいけない。どんなに大きな夢でも、現実的な計画を立て、それを着実に実行していけばきっとかなう。**

■望みが高すぎるのか低すぎるのか、想像がつかない？

「ぼくらが会社勤めをしないでも子供たちの大学の費用が貯められて、生活も楽しめたらいいですけれどね……」

私がそのためにどれくらい必要か聞くと、リックはこう答えた。

「投資用の資金が200万ドル、それに毎月5000ドルくらい不労所得があったらいいですね」

「月5000ドル？」

私は聞き返した。

「ええ、多すぎますか？」

これもよくある話だ。**多くの人は、投資からの利益としてどれくらいが現実味のある数字か想像がつかない。**リックの言うとおりに200万ドルの資金で5000ドルしか利益が出せなかったら、私は最悪のアドバイザーだ！

「リック、私の依頼人はみんな、10パーセントから30パーセントの利益を得ているわ。私が言っている『資産の振り分け』というのはそういう種類の投資なのよ。昔ながらの投資信託一辺倒ではなくて、積極的でもっと直接的な投資よ」

「つまり、ぼくの数字は低すぎるってことですか？」

「そうよ。あなたの純資産を今の倍の約100万ドルにして、手堅いところで利益率を12パーセントとしてみましょう」

「月1万ドル！　ぼくがほしいと言った額の倍だ！」

「それで充分かしら？」

私はそう聞いた。リックは椅子に深く座り直した。

「それだけの利益を保証するって言うんですか？」

私はすぐに頭を振った。

「私はあなたがこういったことを目標にできるように教育するだけよ。つまり、あなたの先生・コーチになって、億万長者がどんなふうにして収入を産む資産を見つけるか教えてあげるの。先頭に立って歩いていくのはあなた自身よ。手数料やら管理費といった形で他人に利益を吸い取らせるのはやめて、自分で資産に利益を産ませて、そのお金を自分のものにするの。そのためにはあなたが直接手を下すこと、そして資産を複数の投資対象に振り分けることが大事なのよ」

質問7 お金を稼ぐために使えるスキルとして、どんなものを持っているか？

「ぼくも妻もマーケティングの仕事をしています。対象は消費者ブランド製品です」

「具体的に言うとどういうスキル？」

「基本的なマーケティングスキルと言っていいと思う。ブランド管理、予算管理、価格決定、製品開発、包装、流通、販売促進、広告……といったことです」

質問8　自ら進んでウェルス・サイクルを作り、稼動させる気があるか？

「ええ」

とリックは答えた。

「それがこの問いの〝正解〟よ」私はそう言った。

資産配分と税金対策に問題あり！

8つの質問の答えが終わったところで、リックのギャップ分析の結果は次のようになった。

リックのギャップ分析から見えてきた問題点は、**資産がお金を生むために働かずに怠けていること、法人組織を利用していないこと、税金対策をとっていないため収入の多くが税金にとられていること、そして、仕事が忙しくてなかなかプライベートな時間をとることができないこと**などだった。

リックの場合、投資の仕方が悪くて、資産が資産としての役目を果たしていなかった。それに、資産を守るための手立ても講じられていなかった。そこで、私は「資産の振り分け」と「法人利用」のブロックを前に持ってくることに決めた。

それに、私のところに相談に来たのがリックだけだというのも問題だった。これは、奥さん

貧乏暇なし生活で先のことを考える余裕もない

リック・ヌーナンのギャップ分析

現状はどうなっている?

収入(税込)	資産
12,500ドル/月 リック 8,000ドル 妻 7,000ドル	490,000ドル 持ち家の実質価値 300,000ドル 勤めている会社の株式 50,000ドル IRA(個人年金口座) 70,000ドル 前に勤めていた会社の401k 60,000ドル 現金 10,000ドル
支出	**負債**
7,000ドル/月	85,000ドル 持ち家のローン

持っているスキル
マーケティング、ブランド管理

稼ぎは多いものの、リック自身は仕事と長時間通勤に疲れ果ててしまっている。

かなりの資産を持っているが、不労所得はほとんど生み出せていない。

1年後、どうなっていたい?

- 純資産を倍にする
- 月に10,000ドルの不労所得を得る
- 息子たちの学資貯蓄プランを軌道に乗せる
- リックか妻か、いずれかが会社を辞める

は家の経済状態に興味がないか、お金の問題を他人に相談するのを嫌がっているか、あるいは今の状態で満足しているか、そのいずれかだと考えられる。

原因は何であれ、リックには今後、奥さんとお金の話をきちんとするようにアドバイスした(アメリカでは離婚の76パーセントは金銭的なことが原因だといわれている!)。

くわえて、「通勤マシン」と化したリックには、フリーダム・デーにたどり着くまでに、かなりの思考の転換が必要だと思われた――もちろんリックの奥さんにも! もし今通勤にかけているエネルギーを資産形成に向けることができれば、資産をあっという間に増やすことができるだろう。

■怠けている資産を働かせる

では、実際に何から始めるか。リックの資産は合計で49万ドルだった。そして、専門家チームからのアドバイスを受けたあと、リックは次のようにして投資用の資金を確保することにした。

①増加した持ち家の実質価値を利用して、14万ドルの再融資を受ける。

②個人年金に入れて放っておいたままの7万ドルを、もっと直接的に自分でコントロールできる投資に振り替える。

③４０１ｋに入っている６万ドルも②と同様にする。

つまり、リックは今「怠けている」49万ドルの資産のうち27万ドルを、「よく働く」資産に変えることに決めたわけである。

私のチームがリックのために考えた新しい資産の振り分け方は97ページのようなものだ。

これによってリックは毎月６４００ドルのキャッシュフローと、２年のうちに30パーセントほどの値上がりを見込める不動産を手にすることになり、それと同時に、かなりの量の減価償却によって収入を縮小し節税に役立てることも可能になった。

■節税し、支出を管理し、投資資金を貯める

２つ目のブロックは「法人利用」だ。リックが行うそれぞれの投資に合った会社を設立することによって、税金を節約したり、資産に関連する支出を経費として収入から差し引くことができるからだ。私はさまざまな条件を考慮して、ＬＬＣ（有限会社）を３つ、Ｓタイプの会社を１つ、資産全体を保護するための信託を１つ作るように提案した。

また、リックにはかなりの支出があったので、「支出管理」に関しては大きな成果が期待できそうだった。３つ目には次のブロックを積むことにした。帳簿係を雇って、個人と４つの会社のそれぞれについて、収入、支出、資産、負債を含むきちんとした会計データを作ることが

必要だ（支出管理については第7章で詳しく説明する）。

こうして、法人組織を利用して支出管理をきちんとすることで、リックはより多くのお金を手元に残せるようになった。

4つ目の「財形口座」はリックにとって大事な意味を持っていた。この口座を作らない限り、リックが稼いだお金は税金と支出にとられてしまう可能性が高い。財形口座を始めれば、ウェルス・サイクルに常に燃料を供給し、お金にお金を生ませることができる。

■起業は慣れている分野で

リックのプランの中の難関は「キャッシュ・マシン」だ。

いわば**通勤を「生きがい」にしている人間に会社を辞めさせるのは、なかなかの大仕事だ。**それに長年「会社人間」として生きてきたリックは、自分でビジネスを始めることにあまり興味がなかった。

「自分で不動産などを買うための投資会社だったら、やってもいいんですけど」

とリックは言った。

「それもおもしろいけれど、あまり効果的ではないわ。あなたがすでに持っているスキルを使って稼ぐ方法を学んでほしいの。そうやってビジネスのやり方を学んだら、次はあなたがやりたいと思っている分野でビジネスを始めることができる。今必要なのは、ウェルス・サイクルを加速させる収入をすぐに生み出すキャッシュ・マシンよ。マーケティング会社をやるのがいいと思うわ」

「他人が物を売る手助けはしたくないな」

「そう思っている方がいいくらいよ。企業マーケティングのプロで、今仕事を探している人を誰か知らない？」

リックはうなずいた。

「OK。あなたはそのプロたちを雇って、ほかの企業にサービスを提供するのよ。そうすればあなた自身は実際にマーケティングの仕事をしないで、ビジネスのやり方を学ぶことができる。あなたがするのは、そのコンセプトを企業に売り込むことと自分の会社を起こすことだけよ」

リックは答えた。

「やってみるよ」

「会社を起こし、顧客を見つけるのに手持ち現金1万ドルを使いましょう。2カ月くらいは助走期間ね。そして、1年後を目標に、6つの企業を顧客にして月20時間のマーケティングサービスを1時間200ドルで提供すれば、月2万4000ドルの売上になって、その半分を雇っている人たちに払ったとして月1万2000ドルの収入になるわ」

リックがマーケティングスキルを駆使して顧客を獲得できれば、1年後にはこのキャッシュ・マシンは税込みで月1万2000ドルの収入をもたらしてくれると同時に、税金対策にも役立ってくれることだろう。

■「通勤マシン」からの脱却

リックのウェルス・サイクルの中心となる部分の最後のブロックは「借金管理」だ。住宅ローンは低利で、資産の評価額も上がっていたから、これに関しては今すぐ手をつける必要はなさそうだった。クレジットカードの借金もなかったから、今まで通り、悪い借金を作らないようにしていれば大丈夫だ。

ここまでプランができたら、次はリックがリーダーシップをとって資産を築き始める番だ。リックは高い給料をもらっていたし、今後は不動産からの不労所得も入ってくる。これからのリックの課題は、この「勢い」を維持することだ。

会社人間のリックにとっては思考の転換が大仕事だった。それに、資産の新しい振り分け方法を奥さんに納得させるのも大変だった。でもおかげで、今ではふたりはお金について率直な話ができるようなった。

今後の課題は、投資用不動産の減価償却費の控除の利用や、勤めている会社の株式を現金化して投資資金を得ること、またリックがもっと資産形成に時間とエネルギーを注げるようにするなどの点から、会社を辞める決心をすることだろう。

リックが会社を辞めて資産形成に専念するには、彼自身が安心してそれができるようにしな

完成！

眠っている資産をたたき起こして働かせる

リック・ヌーナンのウェルス・プラン

現状はどうなっている？

収入（税込）	資産
12,500ドル／月 リック 8,000ドル 妻 7,000ドル	490,000ドル 持ち家の実質価値 300,000ドル 勤めている会社の株式 50,000ドル ＩＲＡ（個人年金口座）70,000ドル 前に勤めていた会社の401k 60,000ドル 現金 10,000ドル
支出	**負債**
7,000ドル／月	85,000ドル 持ち家のローン
持っているスキル	
マーケティング、ブランド管理	

稼ぎは多いものの、リック自身は仕事と長時間通勤に疲れ果ててしまっている。

かなりの資産を持っているが、不労所得はほとんど生み出せていない。

1年後、どうなっていたい？

- 純資産を倍にする
- 月に10,000ドルの不労所得を得る
- 息子たちの学資貯蓄プランを軌道に乗せる
- リックか妻か、いずれかが会社を辞める

こんなプランなら、目標を実現できる！

ここがポイント！
「眠っていた」資産を目覚めさせ、お金を生み出してくれる「働く」資産に変える。

収入（税込）	資産
	資産 330,000 ドル分の振り替え
不労所得 プラスのキャッシュフロー 6,400 ドル／月	← ・新設会社への投資、 約束手形への投資、 不動産投資に 270,000 ドル
資産評価額上昇を目的とした投資 1年目　52,000 ドル 2年目　67,600 ドル	← ・評価額増を狙える建築中住宅 4 戸を購入 50,000 ドル
キャッシュ・マシン マーケティング会社： 2,000 ドル／月〜	← ・会社を始める資金として 10,000 ドル

ここがポイント！
自分が身を粉にして働く必要はない。
自分のよく知っている分野で起業し、
プロを雇えばいい。
稼ぎ方が身につけば、月12,000ドルは
稼げるようになるだろう。

ければいけない。そのためには「チームワーク」が欠かせない。プランを作るための相談相手やアドバイザー、良い投資を見つけるためのフィールド・パートナー、法人設立や会計処理の手伝いをしてくれる会計士や帳簿係、法的書類の準備をしてくれる弁護士、そして精神的なサポートもしてくれる奥さん、そんな人たちがきっと良いチームメイトになってくれるだろう。

資産に資産を生ませることができるようになったら、もう通勤マシンの名前は返上だ。

みんなと同じことはしてはいけない

私たちがリックに提案した資産振り分け方法のいくつかは、あまりなじみがないものもあるし、専門的すぎるように見えるかもしれない。中には、国や地域によって法律や経済状況が違って、同じようにはできないこともあるだろう。

でも、投資の世界には共通するところが多い。また、どれも見かけほどは複雑ではないことを覚えておいてほしい。ゆっくり時間をかければ、本書を読もうという人ならだれにでも理解できる。金融や投資に関する出版物を読んだり、話を聞いて「むずかしすぎる」と感じた時は、本当はごく単純なことで、時間をかけて読んだり、話し手がもっとゆっくり話してくれれば理解できるのだということを思い出そう。

確かに、私たちが提案した方法はごく一般的な方法とは違う。でも、私は、資産を作ろうと

思ったら、「みんなと同じことをしない」のが一番見返りの大きい方法だと信じている。私がいつも使っているのもこのテクニックだし、相談に来る顧客にも同じことを勧める。これらは昔ながらのやり方、一般に「安全、確実」と言われている方法とは少し違っているかもしれないが、自分でしっかり下調べした上で、適切なアドバイスを受けて行えば、最小のリスクで最大の利益が得られる。

■投資対象は多様に、変化に対しては柔軟に

投資に際して手を広げすぎるのはよくないと思っている人は多いだろうし、確かにやりすぎるのはよくないが、億万長者の多くはさまざまな種類の資産に投資している。そして、分野を1つに絞りたいと思っている人も、その中で多様化を図っている。

投資先の焦点を1つに絞る方法にも利点はあると思うが、やはりそれではチャンスをせばめてしまうことになると思う。資産形成の腕を上げれば、多様化によってチャンスを何倍にも増やせる。投資については「多様化」が大事なキーワードだ。

世界はめまぐるしく変わっている。投資の世界でも1つの考え方に固執していてはだめだ。常に変化に注意を払い、柔軟性を持ってその変化に対処し、投資対象を変えていこう。また、あなた自身のニーズや目標の変化によっても、投資戦略を変える必要がある。柔軟性は大きな「資産」となる。

■きちんと調べればリスクを減らすことはできる

資産を形成しようと思ったら、「それはわからない」は通用しない。わからなかったら、調べて答えを見つけなければいけない。何も調べず、何も学ばず、ただ「投資は危険だ」と言う人が多くて、私はいつもびっくりする。

リスクは予測することができる。そして、多くの場合、予防したり、小さくしたり、取り除いたりすることが可能だ。「危険すぎるから」というのは、自分の人生やお金のことに真剣に取り組まない「怠け者」にとっては良い口実になるかもしれない。でも、資産を形成しようと思っているあなたは、もうそれを口実にするのはやめよう。

リスクは経験と教育によって減らすことができる。投資対象について詳しく調べる「デューデリジェンス」というプロセスは、より多くの知識と情報によってあなた自身を教育するために必要なものだ。

■まずは、大まかな情報をメディアから集めよう

デューデリジェンスは、投資をしようと思っている分野、市場についてできる限り情報を集め、それを読むことから始めるといい。投資や金融に関する本や雑誌を読んでもいいし、新聞の経済欄や、投資や金融に関する記事を読むのもいい。最近はインターネットでもさまざまな情報が手に入るし、ラジオやテレビも金融情報番組を放送している。

どんな世界にも特有の言葉があるので、まずは金融や投資の世界で使われる用語に少しずつ慣れていこう。なじみのない言葉は、はじめはとてもむずかしく思えるかもしれないが、実際に意味するところがわかれば意外に簡単に頭に入る。

調査をしたり情報を集めたりする時は、批判的な目を忘れないようにしよう。中には、危険だから投資はしないで貯金をしようと勧めたり、借金を全部返すまで投資を始めてはいけないというアドバイスもある。このようなアドバイスは、私に言わせれば、資産を増やすチャンスを見つけるのを妨げるばかりだ。

知識を手に入れるもうひとつの良い方法は、セミナーや講座に出席することだ。ただし、この場合も話をそのまま鵜呑みにしないように。あなたの貴重な時間とお金を投資して出席するのだから、適切なアドバイスや情報を手に入れて帰ろう。

■個々のケースについては専門家の力を借りて

次のステップは、あなたが今考えている具体的な投資対象に関してデューデリジェンスを実行することだ。これは決して省いてはいけないプロセスだ。

これまではデューデリジェンスというと弁護士や会計士が行うものと考えられてきたが、個人がイニシアティブをとって取引を始めるようになってくるにつれて、これも個人が行うようになってきた。もちろん、あなたの「投資チーム」の会計士や弁護士の助けを借りる必要はあるし、その専門的立場からのアドバイスは貴重だが、チームのリーダーとして、あなたは第一段階での問い合わせや調査は自分でやるようにすべきだ。

でも、心配することはない。「デューデリジェンス」と聞くと何事かと思うかもしれないが、要するに詳しい下調べのことで、専門家や、同じような取引をしている経験者、現場に詳しいフィールド・パートナーなど、そのプロセスを助けてくれる人はあなたの回りにもたくさんいるはずだ。

デューデリジェンスは「チェックリスト」を使って始めるのが普通だ。そして、投資対象の経済状態、経営状態、管理状態、法律的な面などさまざまな面から問題点はないか、検討する。このチェックリストには定型的なものはないが、きちんとしたものを作り、それを実行するには経験と知識が必要だ。専門家がチェックリストを用意してくれる場合もあるので、聞いてみよう。たとえば、不動産の場合だったら、建物の外観や内装、家賃の支払い状況、空室状況などがリストに上る。

■情報を見極める目を養おう

今はメディアやインターネットを通じてさまざまな情報が簡単に手に入る。だからこそ、充分注意して「良い情報」と「悪い情報」を見極めるようにしよう。

特に、他人のお金を使ってレバレッジを利かせる、つまり借金をして資金を増やす場合には、多くの注意が必要だ。失敗した場合、お金を失うのが一番大変だと思っている人も多いかもしれないが、人の信用はお金よりもっと大事だ。お金はいくら失ってもこの「ゲーム」を続けることができるが、信用を失ったら、ゲームに復帰するのはむずかしい。

新米の投資家には、良い情報と悪い情報、良い取引と悪い取引がなかなか見分けられない。チームや信頼できるアドバイザーに、あなたが集めた情報を比較、検討する手助けをしてもらい、正しい情報をもとにデューデリジェンスを実行するようにしよう。

もうひとつ、**新米の投資家に大事なのは、こういったプロセスをまずごく小規模な取引で試してみることだ。投資の腕を上げるには経験が欠かせない。**

あなたは積極的投資家タイプ？　それとも消極的投資家タイプ？

あなたに合った投資戦略を決めるためには、まず、積極的投資家と消極的投資家のどちらのタイプの投資家になりたいか決めることが必要だ。この2つはどちらが良いとか悪いということではなく、あなたの好みで決めればいい。

- **積極的投資家とは、投資に直接に関わりを持つ投資家だ。ビジネスなどに投資した場合は、その経営に直接関わることもある。**
- **消極的投資家とは、投資に間接的に関わる投資家だ。基本的にはお金を出すだけで、仕事は**

他人に任せる。
（ただし、ウェルス・サイクル・プロセスではあなた本人がイニシアティブをとらなければいけないから、消極的投資家といっても常に経過を細かく見守る必要がある。）

意外なことに、たいていの投資家はこのどちらのタイプの投資家になりたいか、自分でもよくわかっていない。でも、これを決めておかないと、自分がやりたい投資とは異なるタイプの投資をさせられることにもなりかねない。例えば賃貸不動産の管理を任せている人が、こちらの意図に反して勝手にいろいろなことを決めたり、直接関わるつもりのない会社経営に時間や労力をとられたりといったことだ。

金持ちはたいてい両方のタイプの投資をしている。あなたも両方をやることになるかもしれない。いずれにしても、全体的な投資戦略に関わる決定は、あなた自身の目標や価値観、状況に基づいて下さなければならない。

誰にでもフィットする「フリーサイズ」のファイナンシャル・プランはない。目標が何であれ、それを達成するための最善の方法はあなた自身が決めるのだということを忘れないようにしよう。

■あらかじめ目標とプランを決めて投資を始める

投資信託を買って、それで資産形成のための投資をしていると思っている人はたくさんいる。でも最近、私が見ている限りでは、株式市場の収益率はあまりかんばしくない。私もいくらか株式――ファンドマネジャー任せの投資信託ではなく、自分で管理している株式――を持っているが、それで資産形成をしているつもりはない。

ほかに私のお金を使いたがっている人はいないか、もっと多くの見返りをもたらしてくれるところはないか、常にアンテナを張っている。私には、お金が儲かる可能性のある投資対象が数限りなくあるように思える。

投資対象を探す時は、資産価値を増やしたいのか、それともキャッシュフローを増やしたいのか、どちらを目指すかによって、資産価値と収益性の両面から検討しなければいけない。また、どれくらいの額を稼ぎたいか、どれくらいの額を投資に回せるかといったことも決めておかなければいけない。そして、実際の投資額は、投資対象の見込み収益率をも考慮に入れて決める。

そういったことをあらかじめ決めておかないと、どのような方法で探したらいいかもわからないし、創造力を発揮してチャンスを作り出すこともできない。

良い取引をまとめるための最善の方法はプランを立てることだ。きちんとしたプランを立ててはじめて有利なゲームができる。

取引相手を探している人は、たいていの場合、きちんとしたプランを持った人と取引したいと思っている。両者が自分自身に責任を持てる状態ではじめて取引が成立する。
もしあなたが、資産形成プランを持たず、したがって自分のプランに合っているかどうかも確かめずに、取引そのものや相手の「見かけのよさ」をあてにして無計画に投資先を選んでいたら、有効活用するどころではない、ただ寄せ集めただけの資産になってしまう。

■あなたの価値観やニーズが資産配分を決める

資産の多様化に自分が直接関わり、適切に配分するというのは、時間はかかるが一番確実なアプローチだ。そのためには、注意深く、そして、必要な場合はすばやく行動しなければならない。例えば、状況が悪くなったら見切りをつけることも大事だ。

お金をどこかに「駐車」させておいて、それが増えるようにと祈っているだけではだめだ。自分でコントロールしなくてはいけない。「これはだめだ」と思ったり、「見込み違いだった」と思ったら、良い経験になったと思って、さっさと次を探した方がいい。

資産をどのように多様化するかは、あなたの考え方や状況によっても違ってくるし、あなたが教えを請うアドバイザーたちの経験や知識によっても違ってくる。しかし、投資において、あなたの目標や価値観に合った資産が何かを決められるのはあなただけだ。あなたが作った「資産形成チーム」は、専門家としての能力を駆使して、あなたにとって可能なすべての選択肢を検討できるように手助けをしてくれる。

資産形成は学習のプロセスでもある。資産を増やしていくと同時に、あなたは知識や理解の程度を深め、投資市場の動向やあなた自身のニーズや状況の変化に応じて投資戦略を変化させる方法を学んでいくのだ。

■不動産投資にはプラス効果がたくさんある

資産をどう振り分けるか考える時、不動産を考慮に入れるのもいい。**不動産はキャッシュフローや減価償却、税控除といった実際的なプラスの効果のほかに、ビジネスの進め方や会社の起こし方、資産の多様化の仕方を学ぶチャンスを与えてくれる。**

不動産はまた、他人から借りたお金を使って「レバレッジ」を利かせる方法を学ぶのにも最適だ。レバレッジは不動産だけでなくすべての投資の成功の秘訣のひとつだから、学んでおいて損はない。また、他人のお金だけでなく、他人の創造力や知識、人脈、ノウハウ、リソースなどを利用する方法も考えてみるといい。

今挙げたような理由から、私は不動産投資が大好きだ。もちろんこれまでには、損をしたこともある。でも、経験を積むごとに何か新しいことを学び、次の時には失敗をしないようにしてきた。だから、全体を見たら、まあまあの成果をあげていると言ってもいいだろう。

不動産はチームワークが一番効力を発揮する投資対象だ。その理由はちょっと考えてみたらわかるだろう。不動産投資には多くの専門知識が必要だし、時間と労力を必要とする仕事が関わってくるからだ。でも、その時間と労力のかかる仕事を全部自分でやる必要はない。適切なチームを作ったら、あとはあなたはそのリーダーとして動けばいい。

(日本における不動産投資については、109ページを参照)

会社勤めを続けながらの資産作り

リックの場合、資産の使い方をちょっと変え、キャッシュ・マシンを1つ導入するだけで、今まで通り会社勤めを続けながら、資産を増やすと同時に毎月1万8400ドルの新たな収入を得ることができることがわかった。そして、適切な形の会社を作ってそれぞれの資産を管理し、財形口座への積み立てを軌道に乗せれば、その収入のうち多くを再投資してウェルス・サイクルをさらに加速させることができるだろう。

ウェルス・サイクルは一度作ってしまえばそれでいいというものではない。常にそこから得られた収入を新たにつぎ込み、成長させる必要がある。

最初のレナード一家、そして今回のリックの例からわかるように、ウェルス・サイクルを加速させるための燃料の最大の源はキャッシュ・マシン、つまりきちんとした法人形態をとったビジネスだ。第5章ではこのブロックを詳しく見てみよう。

逢坂ユリが解説します
日本ではどうだろう？

不動産投資は日本でもお勧め

アメリカ発のサブプライム問題で先行き不透明といわれる不動産市場。「こんな混乱した状況で不動産投資なんてとんでもない」と思われる方もいるかもしれません。しかし、物件の価値を見抜く目と行動力があれば、日本での不動産投資は他の金融商品に勝る高いリターンが期待できる分野です。

不動産投資には多くのメリットがある

投資ジャンルのなかでは、不動産投資はリスクとリターンがほどほど、いわゆる「ミドルリスク・ミドルリターン」だといえます。

これに対し、株式投資は、どちらかといえば「ハイリスク・ハイリターン」、また銀行の普通預金は「ローリスク・超ローリターン」といえるでしょう。

ライブドア株のように、株式は何か事件があると、上場廃止で無価値になることがあります。また、たとえ上場廃止になるような株を保有していなくても、突発的に「○○ショック」のようなものが起きて株式相場がいっとき軟調になると、最高の決算を発表している会社の株の価格でさえも、相場全体の流れの影響を受けてしまうことがあります。そうなると夜もゆっくり眠れなくなるかもしれません。

一方、不動産はよほどの事件や事故が発生したケースでなければ、数日間で物件価格やアパートやマンションの賃料が半分に下落するということはまず考えられないでしょう（同じように、数日間で物件の価格や家賃相場が2倍になることも、ハイパー・インフレでも起こらない限りはないわけです）。

価格変動が安定している不動産投資は、短期間で売買を繰り返す投機家には面白くないでしょう。つまり、新興株式市場なら短期間に2倍、3倍という値動きをするものもありますが、不動産の場合は、短い間に価格や賃料が倍になるような夢をみることは難しいということです。しかし、だからこそ不動産投資は「長期投資」向きで、会社勤めなどの本業を持ちながら経済的自由を目指す人にはもってこいなのです。

また不動産の場合は、物件購入後の賃貸運営や経営管理が比較的シンプルで、難しい会計や税務の知識も必要なく、以下の４つのゲインが狙えることもメリットです。

①不動産の引渡し直後から発生するキャッシュフロー（賃料から必要経費を引いたもの）

②収入を相殺する減価償却（毎年の建物の評価損は目に見えない収入と同じと考える）

③ローン返済（物件のテナントが不動産ローンを支払ってくれる）
④値上がり益（売却益、長期にわたる資産価値の上昇）

など、ほかの投資にはない数多くのメリットがあります。著者のローラルが「私は不動産投資が大好きだ」というのもうなずけます。資産を効率よく築いていくのに非常に適した方法のひとつであることは間違いありません。

不動産投資は世界中で通用する資産作りの王道

私は個人的に興味があって、以前から、欧米やアジアに出張した際には必ず現地で成功している投資家にお話を聞くようにしています。そうすると、成功している人で、不動産投資をやっていないという人はいないのです。

欧米では、事業で成功した人、スポーツ選手や俳優や歌手などの芸能界の人たちも、専門家を雇って早くから不動産投資を始め、資産を安定的に拡大させていっています。

ついこの間まで、アメリカを代表する企業と言われていたのは自動車産業。しかしながら、サブプライムの影響でアメリカの個人消費が落ち込み、世界中の投資家は、GMやクライスラーの何十年ぶりの安値更新という株価を見て、寝汗をかくほどの毎日ではないでしょうか？

株は、天才でもないかぎり、数年間で0から1億円を稼ぎ出すことはほとんど不可能ですが、不動産投資は、きちんと勉強して、失敗を恐れずにトライ&エラーを重ねることで見る目を養っていけば、普通の人でも数年で1億円を作ることが可能な投資です。天賦の才や目覚しい直感に恵まれなくとも、努力した成果が出やすい投資だといえます。

証券会社の窓口に行って、「株の投資信託を買いたいので、お金を貸してほしい」と言ってみてください。どんな答えが返ってくるか想像できるかと思います。ところが、「収益を生む不動産を買いたいので、それを担保にお金を貸してほしい」と銀行に交渉してみると、物件によっては、また相場環境によっては、少ない元手資金で不動産投資をスタートすることができるのです。これがまさにレバレッジ、てこの原理なのです。

自分の資産を「分散投資」する際に、やはり、古今東西、無視できないのが不動産でしょう。

リスクを怖がるあまりにチャンスを見逃す

私が以前勤務していたアメリカの金融機関の同僚に教わって、今でも大事にしている言葉があります。**「『リスク』という言葉を発するのは、自分で何もコントロールできない、能力がない、と宣言するようなものですよ」**。

ただ、日本ではバブルの後遺症のせいでしょうか、不動産投資についても、とにかく「リスク」という言葉を先におっしゃる方が多いように思います。地震リスク、空室リスク、価格下落リスク、金利変動リスク、管理リスク（テナントによる殺人や暴力事件や自殺）……。

そのために、日本で久しぶりに起こった不動産ブームを見逃してしまい、虫眼鏡で見ないと判別できないような低金利にもかかわらず、普通預金でお金を眠らせたまま、殖やすチャンスを逸した人も多いのではないでしょうか？　一方で、普通のサラリーマンの人でもこの90年代後半ごろから始まった都心の物件価格上昇を受けて、不動産投資で富を築いた人がたくさんいらっしゃったのも事実です。

今後の日本の不動産市場について

2008年に入ってから都心で不動産価格が下落局面です。「しばらく投資しないで静観」という選択肢もありますが、下落局面であるからこそ、粘り強く交渉すれば安く物件を仕入れることも可能なのです。また不動産価格の下落率より投資期間中の家賃収入が上回るように創造力を駆使して管理面やリフォームを工夫することもできるでしょう。

不動産の価値を見抜く眼を持った投資家には、むしろチャンスかもしれません。

突然の不動産投資ブームが起こった07年までの3～4年間は物件が取り合いになるほどの熾烈な競争が繰り広げられていたのですが、08年に入ってから大口の外資系ファンドなどの買い手が減少し、また資金の出し手でもあった外資系金融機関のファンドへの貸し渋りが起こっていることもあり、物件の価格交渉が有利に進められるチャンスが再来したからです。

世界を見渡してみると、中国に限らず、日本以外のアジアでは土地を完全な個人の私有財産にすることは、ほとんど無理だと思われます。香港も土地は使用権があるだけですし、マレーシアやフィリピンは外国人が土地の50%以上を所有することができません。タイは王国なので土地は王様のものです。

また、いくらアジア地域でこの先の値上がりが期待できるといっても、流動性がない上に投資家保護もしっかりしていないので、カントリー・リスク、為替リスクもある極めつきのハイリスク・ハイリターンの商品だという認識が必要だと思います。

その点、日本国内の土地は永久の所有権利。今、新興成長国の東南アジアで事業や不動産投資で成功を収めた投資家や、オイル・リッチといわれる中東やロシアの富豪が利益を一部確定（売却）し、先進国で、四季があって空気がきれいで風光明媚な日本の不動産へ投資を始めています。1990年代後半にもあったような現象です。

日本人が不動産市場に弱気になったり不良債権処理の一環でバルク・セール（安値でまとめて売却）をしているうちに、外国人が安く買っていく……。同じ轍を踏むのはいかにも成長がありませんよね。

まずは土日の不動産チラシから

そうはいっても、不動産投資は大きなお金を動かすため、勇気が出ない人も多いかもしれません。でも経済的な自由を手に入れるための一歩は、少しの勇気で踏み出せるのです。

まずは土日を使って不動産のチラシを見たり、売り出し中の家をのぞいたり、数多くの物件を見て歩くことから始めましょう。そのときに、不動産を単なる投資対象として見るのではなく、次のようなことを考えてみてはどうでしょうか。

- **自分ならどんな街に住んでみたいか**
- **その街は5年後、10年後どういう雰囲気に変化しているだろうか**
- **どんな人に住んでほしいか**
- **どんな工夫をしたら人気が出るか**

こんなことを意識しながら物件選びや管理を行うと、不動産投資がもっと身近に感じられるはずです。

本書でも繰り返し著者が言っていますが、意識だけを変えようとしても、人間なかなか変わるものではありません。まずは「行動」に移してみましょう。

ほかの人が怖がっている今がチャンス

成功している投資家、起業家はほかの人が動く前にチャンスを見つけます。歴史を振り返れば一目瞭然。いつの時代でも、大金持ちになった人は成功するビジネスを築き、それで得たお金を使って不動産投資で資産を拡大し、その資産で本業のビジネスを加速させてきたのです。

しかしながら、今は欧米だけでなく日本のマス・メディアも「住宅市場の見通しは真っ暗」

「不動産バブル崩壊、土地は下がり続ける」と悲観的な特集ばかり組んでいます。不動産で損をするのでは……と、戦々恐々としている人が大勢いるのです。

著書は**「みんなと同じことをしないことが一番見返りの大きい方法」**と言っています。こういうときは次のブームが到来したときの準備をするための「行動」をするべきだということです。

ただし、手持ちのお金を全部不動産に投資するというのは考えものです。すべてのお金を使って、同じエリアに同じ時期に不動産を買うというような極端な投資手法は、相場によほど自信のある方や短期の転売を目的にしている人以外はお薦めできません。投資する時期も、エリアも、必ず分散させましょう。

第5章

キャッシュ・マシンが不可欠！

すぐにお金を生むビジネスとは

ウェルス・サイクル・プロセスには現金を生むキャッシュ・マシンが不可欠だ。新しく会社を起こしたり、あるいはすでに会社を持っている人はそれを有効に活用することで、他人をあてにしてお金を稼ぐのではなく、自分の力で収入を増やすことができる。

「自分が起業なんて、とんでもない！」

そんなふうに思っている人もいるかもしれないが、そう決めつけるのはちょっと待ってほしい。私が今言っているのは、あなたがすでに持っているスキルを使って無理なく始められ、収入を生むことができるビジネスの話だ。

私が気に入っている富の定義のひとつに「その人のスキルや才能を活かすことによって実現された豊かさ」というのがある。私は、スキルや才能を活かすことでお金を稼ぐのは可能だし、そうすべきだとも思っている。

あなたの投資チームの一員としての私たちの役目は、すでに持っているスキルと才能をもとにあなたが今すぐに行動を起こし、自分のビジネスを運営するための新しいスキルを身につける手助けをすることだ。すでにビジネスをしている人の場合は、それをもっと大きく成長させ、本当のキャッシュ・マシンにする手伝いをしたい。

そのプロセスは次のような順序で進む。

1. どんなスキルを持っているか見極める。
2. そのスキルを使って、収益性のあるキャッシュ・マシンを作る。
3. ビジネスに関わるスキルを学ぶ。
4. 新たに獲得したビジネスのスキルを使って自分の好きな分野に進出する。

本書はお金を稼ぐ方法を教えるための本だ。お金を稼ぐためにあなたの生活のすべてを変える必要はない。最初のゴールはすでに持っているものを使って小さなビジネスを起こすこと、そしてそれをゆっくりと成長させることだ。最初のレナード一家の例で見たように、キャッシュ・マシンのもとになるこの最初のビジネスをあなたはすでに趣味としてやっているかもしれない。

まだ、自分の夢をビジネスにする時期ではない

私がフィラデルフィアのセミナー会場でパトリシア・ビーズレーとはじめて会った時、彼女は40歳で、離婚していて、ティーンエージャーの娘さんが1人いた。そして、ウェブデザイン会社のプロジェクトマネージャーとして年に4万5000ドルを稼ぎつつ、恵まれない子供たちのためにサマーキャンプを開くという大きな夢を持っていた。私のセミナーにやってきたのは、その夢を実現する道を見つけるためだった。

確かに私は道を教えてあげた。でも、サマーキャンプを主催するという彼女の夢に向かう道ではなかった——少なくとも今のところは。夢を実現するのはすばらしいことだが、彼女の場合はまだその時が来ていなかった。

これまでの例からもわかるように、ウェルス・サイクル・プロセスには、不動産などの資産からの不労所得と、ビジネスからの収入の両方が必要だ。このプロセスの鍵は「他人任せにせず、自分で直接投資すること」にあるが、自分自身と自分の夢に投資すること以上に直接的な投資はほかにない。

資産は複数の収入源からの収入によって作られる。そして、その収入源のひとつが自分の所有するビジネスだ。**資産を増やすにはもっとお金を稼げばいいとわかっている人は多いが、た**

いていの人はその方法がまったくわからない。それは、仕事をする方法は学んできたが、お金を稼ぐ方法は教えられないまま大人になってしまったからだ。

どんなキャッシュ・マシンを作るか考える時に、自分の大きな夢を実現することをまず考える人は多い。実際のところ、夢をもとにしてすばらしいビジネスを起こすことを最終的なゴールにするのはとても大事だ。でも、私がここでビジネスを立ち上げようと言っているのは、夢の実現を目指すビジネスのことではない。

これまでビジネスを持ったことも、経営したこともない人は、そのためのスキルも限られている。一言で言って、経験不足だ。夢の実現を目指すのは、自分によくなじみのある分野でビジネスを始めて、収入が上がるようになり、知識と経験が手に入ってからだ。

パトリシアは、ちょうど8分で8つの質問に答えた。

質問1 毎月の収入はいくらか?

「4万5000ドルを12で割ったらいくらかしら? それが私の月収よ」

パトリシアはそう言った。

質問2　毎月の支出はいくらか？

「4万5000ドルを12で割ったのよりちょっと多い額、それが私の支出よ」

パトリシアの場合、まず、お金に対する姿勢を変える必要がありそうだった。個人的なお金の管理をしっかりできない人は、ビジネスの管理もできない。

「いえ、ちょっと待って、月2000ドルくらいと言った方が近いと思うわ」

パトリシアは急いでそう付け加えた。

質問3　どんな資産を持っているか？

「今の会社でやっている401k（確定拠出型年金）が8万ドル、貯金が5000ドルあるわ。それで全部ね。住んでいるアパートは借りているの」

質問4　どんな負債があるか？

「クレジットカードで1万ドルの借金があるわ。で、その額は確実に増えていると思う」

質問5 ほかに見落としているものはないか？

「これで全部よ」

「個人年金とかは？」

「それって何？」

パトリシアは本当に知らなかったのだ。私はあきらめて次の質問に進んだ。

大きすぎる夢には少しずつ現実を盛り込む

質問6 どんなふうになりたいか？

「1000万ドルと、毎月20万ドルの収入がほしいわ」

「それは夢の見すぎだわ」

私はそう答えた。パトリシアのベースラインとフリーダム・デーの目標とのギャップは「大きすぎる」などというものではなかった。私たちはパトリシアにやる気をなくさせないように、夢を刺激する要素は含ませながらも、目標を下げて充分に実現可能なあるものにすることに取りかかった。

「でも、サマーキャンプをやるという私の夢は捨てないわよ。非営利事業で、恵まれない子供たちのためにやるのよ」

「すばらしいわ。じゃ、今度はあなたの夢の世界にちょっと現実を盛り込んでみましょうよ」

矛盾しているように思われるかもしれないが、実のところ、私はパトリシアのサマーキャンプのアイデアに大いに賛成だった。資産形成は社会の役に立ちたいという気持ちと深く関わりがあると思う。金銭的成功を収め、そのお金でほかの困っている人たちを助けるというのは一番やりがいのある事業だ。

でも、パトリシアが自分の足を地に着ける前に、非営利のサマーキャンプを始めたら、その事業だけでなくパトリシア自身もひどい目に遭うのがオチだ。**パトリシアのアイデアはすばらしい、ただ今はまだその準備ができていないというだけのことだ。つまり、パトリシアは物事をやる順序を決め、適切な時期に、適切なことをやる必要があった。**

1年でパトリシアに1000万ドルの資産を作らせることができないのはわかっていた。私が教えているのは、手っ取り早く金儲けができる（そして、あっという間に儲けたお金を失ってしまう）方法ではなく、こつこつと着実に資産を築き、それを維持する方法だ。そこで、私たちは、もっと実現の可能性のある新しいゴールを彼女のために書き上げた。

質問7 お金を稼ぐために使えるスキルとして、どんなものを持っているか？

「私はプロジェクトマネージャーよ。ウェブデザイン会社でデザイナーやテクニカルサポートをしている人たちを監督しているの。全体を眺めて交通整理をしているというわけね。それから、ウェブの世界の専門用語には強いわ」

質問8 自ら進んでウェルス・サイクルを作り、稼動させる気があるか？

「ええ」

パトリシアはそう答えた。

「正解よ」

私はそう応じた。

資産なし、借金あり、でも夢は大きい

パトリシアは「ギャップ分析」の結果、夢は大きく持っているが、役立ちそうなリソースはまったく持っていないことがわかった。会社で年金資産として積み立ててきた8万ドルを利用

夢は大きいが、投資しようにも資金がない

パトリシア・ビーズレーのギャップ分析

現状はどうなっている?

収入(税込)	資産
3,750ドル/月 シングルマザーとして娘を育てていくのに十分な給料は得られていない。	85,000ドル 401k(退職金積立)80,000ドル 現金 5,000ドル 投資で収入を増やそうと思っても、元手にするには少なすぎる。
支出	**負債**
2,000ドル/月	10,000ドル クレジットカード利用
持っているスキル	
プロジェクト管理、ウェブデザイン	

1年後、どうなっていたい?

- 利益をもたらすビジネスを起こす
- 借金から抜け出す
- 娘のための大学入学資金を貯める
- 毎月2,000ドルの不労所得を得る

(将来的には、恵まれない子供のためのサマーキャンプを主催する事業を立ち上げる)

するには会社を辞めなければならないが、ひとりで娘を育てている彼女にはそれはできなかった。

「あの年頃の子供は毎月新しいジーンズをほしがるのよ……」

「娘さんにもあなたのビジネスを手伝ってもらって、自分でジーンズを買えるようにしましょうよ。そうすれば、ビジネスも大きくできるわ」

私はそう提案した。

また、パトリシアの支出は収入を超えていて、クレジットカードの借金がある一方、資産はほとんどがすぐには現金化できない状態にあった。パトリシアは資産形成のための財形口座を、借金返済プランとからめて考える必要がある。資産を増やすと同時に負債を減らすこと、これが肝心だ。

私は、恵まれない子供たちのためのサマーキャンプを主催したいというパトリシアの夢もとてもすばらしいと思ったので、その実現にぜひ手を貸したかった。

資産がないならまず現金を稼ぐ

パトリシアのウェルス・サイクル・プロセスを始動させるには、まず「キャッシュ・マシン」から手をつける必要があった。それは、ともかくも収入を増やさなければいけなかったからだ。私は今パトリシアが持っているスキルをもとに、ウェブデザインの会社を起こすのがいいと考えた。

パトリシアは、このアイデアが自分の夢とはまったく関係なく思えてあまり乗り気ではなかったが、前にも言ったように、ビジネスのノウハウを学ぶためにまず起こす会社は、自分がすでに知識やスキルを持っている分野のものがいい。

つまり、夢を実現するための会社を起こす前に、ビジネスオーナーに必要なスキル――マーケティング、セールス、資金繰り、業務、経営などのスキル――を身につける必要がある。だから、最初のビジネスは次のようなビジネスでなければいけない。

①敷居が高くないこと。その日のうちに立ち上げ、仕事を始めることができる会社（できれば利益もすぐに出せるといい）。

②時間的負担が少ないこと。ただし、朝1時間早起きするくらいのことはしよう。

③能力的に無理がないこと。多少背伸びする必要はあるが、高望みはいけない。

④収入源を多様化するのに役立つこと。

⑤投資に対する見返りがあること。

今、会社勤めをしていて、辞めるのには抵抗があるという人の気持ちもよくわかる。その場合は、従業員から経営者への移行をスムーズにするための「助走期間」が必要かもしれない。ウェルス・サイクルから充分なキャッシュフローが見込めるようになるまで、今の仕事を続けよう。

「好きなことをやっていればお金は自然と入ってくる」という人もいるが、私はこの言葉を信じていない。だから助走期間を設けることは大事だと思う。

■これまでの経験を総ざらいしてビジネスのネタを探そう

キャッシュ・マシンとしてどんなビジネスを立ち上げるか考える時、まずチェックしたいのはあなたが持っているスキルだが、これは今使っているスキルに限らない。例えば学生時代にアルバイトをしたことがあったら、その分野のビジネスを考えてみるのもいい。

このほかに、あなたが参入を考えている市場で、同業者がどんなサービスを提供しているか、どんなサービスが不足しているか、そして、どんなふうにしたら競合相手と違うサービスを提供できるかといったことも考えてみるといい。

それから、私がいつも勧めるのは「多売」だ。サービスや商品を提供するシステムを一度作ったら、それを何度も売ることができると一番いい。だから、常に「まとめ売り」を考えよう。1つずつ売るのは手間と暇がかかりすぎる。個人ではなく、団体や組織を相手に売ることを考えてキャッシュ・マシンのアイデアを練るといい。その方が収入も増えるし、効率も上がる。

また、同じ分野のほかの会社は、競合相手にもなるが、地域やサービスの違いによって、おたがいに足りないところを補い合って協力することもできる。これもキャッシュ・マシンを作る際の足がかりになるだろう。

■ビジネス企画書を作ろう

ビジネスを起こすには、まずビジネスの企画書を作らなくてはいけない。これはビジネスを始動させるのに必要なステップを順序よくまとめる役に立つし、必要な資金を集めるためのプレゼンテーションの道具にもなる。企画書には次のような要素を書き入れておこう。

①そのビジネスに対してあなたが持っているビジョン
②ビジネス戦略
③収益モデル
④収入予測
⑤マーケティングプラン
⑥販売戦略
⑦どのようにリーダーシップをとっていくつもりか

夢と現実をつなぐキャッシュ・マシン

起業に役立つ本や情報は巷にあふれているので、ぜひ参考にしてもらいたい。**この段階での起業は、あなたが今持っているスキルと、将来持てる可能性のあるスキルとの架け橋となるものだ。もっと大きな自分の夢を実現するためのビジネスを最終的に立ち上げる練習だと思ってもいい。**

パトリシアは早くお金を儲けて、サマーキャンプを始めたいと思っていた。でも、そう言う彼女には、その前に2つのことを約束してもらった。それは、自分のウェブデザイン会社を立ち上げるために努力することと、支出を極端に切り詰めずに今のライフスタイルを維持することだ。

そうやって無理なく、しっかりと土台を築いていけば、1年たたないうちにきっと今の給料を越える収入をキャッシュ・マシンから得ることができるようになるだろう。

キャッシュ・マシンを始動させ、加速させるためのポイントをいくつか見てみよう。

1．具体的な数字をあげて収益モデルを作る

収益モデルはあなたの努力が金銭的見返りをもたらしてくれるかどうかを見極めるのを助け

てくれる。1年に10万ドルの売上を上げる……そう考えたら、途方もないことのように思えるかもしれないが、それを12で割って1カ月にすれば8333ドルだし、それをさらに20日で割れば、1日の売上は400ドルだ。

パトリシアの場合、ウェブデザイン料として時給100ドルを請求し、1日に4時間分の仕事が入れば目標は達成できる。私がそう説明すると、パトリシアは「それなら何とかなりそうな気がするわ」と言った。

でも、ここでもう一度はっきりさせておきたいが、パトリシアの場合――そしてあなたの場合も――1年に10万ドルの売上を上げる会社を作ることが最終ゴールではない。その会社でせっせと働き続けるのではフリーダム・デーには到達しない。

本当の資産を形成したいと思ったら、年間売上100万ドル以上のビジネスを軌道に乗せて、他人に働いてもらうようにしなければいけない。それが、本当にウェルス・サイクルを加速することを意味する。

2．同業者について調べる

しっかり下調べをして、自分がやろうと思っているのと同じようなことをやっている人がいないか探そう。もしそういう人が見つかったら、訪ねていって、どんなことをしているか見学すると同時に、アドバイスがもらえないか聞いてみよう。ただし、自分が市場として狙っている地域から離れたところを選ぶようにしよう。そうでないと相手の市場を侵食しかねない。地域が違えば、こういう相手があとで顧客を紹介してくれるようになることもある。

3. 所有権を維持する

キャッシュ・マシンの所有権をあなたが維持することはとても大事だ。会社組織にした場合、手助けが必要でも、所有権を与えてパートナーとしてともに働くより、雇用関係を結んで、所有権はあなたが維持するようにした方がいい。

4. マーケティングに力を入れる

私が見たところ、新米起業家が失敗する最大の原因はマーケティングだ。つまり、宣伝の仕方を知らないか、あるいは、いくらか宣伝して顧客が集まると、それ以上マーケティングに力を入れようとしないことが原因だ。マーケティングには時間がかかる。そして、お客が来るようになったあとも、彼らにリピーターになってもらう、あるいは新しい顧客を獲得するために努力を続けることが欠かせない。

パトリシアは顧客になりそうな人にEメールを出したり、顧客にアピールする自社ウェブページを立ち上げたりして、効果的なウェブデザインを提供する会社として売り込みを開始した。これまでの会社で作り上げたコネクションも利用し、娘を雇うことで、もっと若い世代を相手としたマーケットの開発にも乗り出した。ちょっと考えてもらったらわかると思うが、これらのマーケット戦略にパトリシアがかけたお金はごくわずかだ！

5．販売員を雇う

マーケティングに成功して顧客が見つかっても、その顧客に実際に商品・サービスを買ってもらわなければ何にもならない。私が思うに、利益を上げられないでいるビジネスオーナーはたいてい次のどちらかのタイプだ。きちんとした会社組織を作っていないので、入ってきたお金を全部税金にとられているタイプ、あるいは、売上を増やす方法を知らないタイプだ。

ここで大事になるのがリーダーシップだ。たいていのビジネスオーナーは何でも自分でやろうとするが、ビジネスを大きく成長させるためには、他人に任せることを学ぶ必要がある。ひとりではどうしたってすべてはやりきれないのだから。チームを作って、優秀な販売要員を育てることを考えよう。

ビジネスオーナーとしてお金を儲けようと思ったら、一番大事なのはマーケティングだ。販売は人に任せて、あなたは顧客から注文を取り、さらに新しい顧客を開発し、その顧客をリピーターにすることに専念しよう。

現金を稼いだら、それを投資に回しなさい

パトリシアのウェルス・サイクルの次のブロックは「法人利用」だ。私たちのチームは、ウェブデザイン会社のためにLLC（有限責任会社）を作ることを提案した。会社が軌道に乗り、収入が増えて、ほかの投資を始めたり、サマーキャンプのプロジェクトも立ち上げることになったら、また別の法人組織を作ることになるだろう。

会社を立ち上げて「支出管理」をすれば、パトリシアの赤字の多くは解消できそうだった。**キャッシュ・マシンは収入を増やすだけでなく、支出の一部を正当なビジネス経費として落とすのに役立ってくれる。**

■財形口座に現金を蓄積

パトリシアの次のステップは「財形口座」を作ることだった。まず、個人とLLCのために2つの財形口座を作り、それぞれに毎月100ドルずつ、収入から「優先的に支払う」ことから始めた。

次に、今勤めている会社でやっている年金プラン、401kの拠出金を減らして、個人の財形口座に回すようにした。

その後、デザイン会社が軌道に乗って収入が増え、その多くを手元に残しておけるようになると、個人と会社の2つの財形口座に入れる額は1000ドル近くになった。

恵まれない子供たちのためのサマーキャンプを開くという大きな夢をどうしても実現したいと思っていたパトリシアは、ウェブデザイン会社を起こしてから6カ月、一生懸命働いた。そして、3000ドルを個人の財形口座に、さらに3000ドルを自分の会社の財形口座に貯めることに成功した。

■その投資用資金を使って不動産購入

収入のもうひとつの柱は不労所得だ。そのためには資産を有効に活用しなければならない。パトリシアの場合、資産として会社の年金口座に8万ドル、それに現金を5000ドル持っていた。

パトリシアはまだ会社勤めも続けていたので、401kにすでに入っている年金資金には手をつけることができなかったが、2つの財形口座と手持ちの現金の一部、合わせて7000ドルを投資用資産購入の資金として確保した。

そして、この7000ドルを頭金にして賃貸不動産を購入した結果、ローンや経費を差し引いたあと、月150ドルのキャッシュフローが入るようになった。

つまり、資産の一部を再配分することで、パトリシアは毎月150ドルのよぶんな収入を手

完成！

現金を稼げるビジネスを立ち上げて投資資金を作る

パトリシア・ビーズレーのウェルス・プラン

現状はどうなっている？

収入（税込）	資産
3,750ドル／月	85,000ドル 401k（退職金積立）80,000ドル 現金 5,000ドル

支出	負債
2,000ドル／月	10,000ドル クレジットカード利用

持っているスキル
プロジェクト管理、ウェブデザイン

シングルマザーとして娘を育てていくのに充分な給料は得られていない。

投資で収入を増やそうと思っても、元手にするには少なすぎる。

1年後、どうなっていたい？

- 利益をもたらすビジネスを起こす
- 借金から抜け出す
- 娘のための大学入学資金を貯める
- 毎月2,000ドルの不労所得を得る

（将来的には、恵まれない子供のためのサマーキャンプを主催する事業を立ち上げる）

こんなプランなら、目標を実現できる！

収入（税込）	資産
不労所得 プラスのキャッシュフロー 150ドル／月 **キャッシュ・マシン** ウェブデザイン会社： 起業5カ月以降8,000ドル／月	資産7,000ドル分の振替 プラスのキャッシュフローがあり、評価額の値上がりも見込めそうな賃貸用不動産購入7,000ドル

ここがポイント！

自分の夢とは違う分野で起業するのは遠回りに見えるかもしれない。だが、ここでのビジネス立ち上げの目的は収入を大幅に増やして資産を作ることと、将来の夢のためにビジネスのノウハウを蓄積すること。いずれも、会社勤めのままでは不可能だ。

に入れ、それを娘の大学進学資金として積み立てることができるようになった。

節約生活することなく、借金も完済

不動産にはまた、減価償却費を経費として落とせるという利点もある。パトリシアは新たに別の会社を起こし不動産の経費を管理するようにした。そして2つの会社の収支をきちんと管理することで、税金対策も立てられるようになり、さらに多くの収入を財形口座と借金返済に回すことができるようになった。

ウェルス・サイクルの「借金管理」の方法は第9章で詳しく説明するが、パトリシアは6カ月以内に1万ドルの借金のうち3000ドルを返済し、その後も支出管理をきちんとやって返済額を増やし、2年後には完済した。

パトリシアのウェルス・プランの成功には、これまでのライフスタイルを維持しながら、キャッシュ・マシンの運営に全力を傾ける必要があった。そのためには、パトリシアはお金に対する姿勢を変えなければならなかったが、資産形成プランに娘も参加させることで2人の「思考の転換」のプロセスはかなりスムーズにいった。

キャッシュ・マシンの運営は「バーチャルMBA」

その後パトリシアは、ウェブデザインの会社以外に、自分の昔からの夢だったサマーキャンプを主催する会社を立ち上げることに決めた。ウェブ会社での経験は、彼女にとって、MBAの資格にも値するものだった。夢を持っていただけの初めの頃と比べると、パトリシアのビジネス・スキルはずっと豊かになっていた。より効果的に、効率的にビジネスを経営できるようになった彼女には、夢を実現するための準備は整っていた。

この新しい会社は基本的には「非営利」だったが、パトリシアはそれを本当のビジネスと同じように構築し、政府からの助成金や個人の寄付を受けられるようにきちんとしたビジネス企画書を作り、参加者募集と資金集めのためのマーケティング資料もしっかりしたものを用意した。そして、顧問委員会を設立して、アドバイスをしてくれる人たちを選び、スタッフにも優秀な人材を集めた。

ほんの少し前まで、年に4万5000ドルの収入しかなかったパトリシアは、今、自分が本当にやりたいと思っていたことができる世界に足を踏み入れた。資金や人員も充分だし、パトリシアもリーダーとしてみんなから尊敬されている。夢が実現する日は近い！

第6章

法人を利用しなさい！

支払う税金のムダをなくす

数年前に私がはじめて会った時、アリゾナ州のスコッツデールに住むケリー・キングスレーは、63歳で夫はおらず子供たちはみんな独立していたが、高齢の母親の面倒を見なければならないという状態だった。すでに自分のビジネスを持っていて、かなりの額のお金を稼いでいたが、ケリー個人の財産と言えるものはほとんどない。老いた母親のためにも、ケリーにはお金が必要だった。それに、ケリーは今の仕事が大好きなのだが、状況の変化のせいで、仕事にあてられる時間とエネルギーがどんどん減っていた。

私がケリーと会った時にはケリーはすでに不動産に投資をしていて、そのほかに2つのビジネスをしていた——ひとつはヘッドハンティング会社、もうひとつは人材派遣会社。その3つの投資に対して、Sタイプの会社組織をそれぞれ作っていて、法人の形は一応できていた。

ただ、それらがかなりの収入を稼ぎ出しているにもかかわらず、なぜかケリーには充分なお金が手元に残っておらず、仕事と介護で時間も足りないのだった。

収入は多いのに、手元に半分も残らない

ケリーもこれまでの2人と同じように、ギャップ分析のための8つの質問に8分以内に答えを出した。

質問1 毎月の収入はいくらか？

「ヘッドハンティング会社から9000ドル、人材派遣会社から6000ドル。合わせて1万5000ドルです」

質問2 毎月の支出はいくらか？

「1カ月にだいたい5000ドルぐらい使っています。税金を払った残りがそれくらいですから」

もうみなさんにもおわかりと思うが、ケリーの場合、節税対策をとって、稼いでいるお金の

うち自分の手元に残せる額をもっと増やす必要があった。

質問3 どんな資産を持っているか?

「評価額にして約100万ドルの賃貸不動産、それと、持ち家の実質価値が50万ドルほどあります」

質問4 どんな負債があるか?

「持ち家の住宅ローンの残りが20万ドル。それと投資用不動産のローンの残りが70万ドルあります」

質問5 ほかに見落としているものはないか?

「自営業者向けの個人年金口座に3万ドルあります。それから、銀行口座も含めるというなら、12万5000ドルほど貯金があります」

質問6 どんなふうになりたいか？

「できたら毎月のキャッシュフローの量を今の3倍にしたいわね。そのうちできるだけ多くを手元に残して、労働時間は増やさずにビジネスを広げたいわ」

質問7 お金を稼ぐために使えるスキルとして、どんなものを持っているか？

「私は人事のプロです。ヘッドハンティング会社をやっています。人とのコミュニケーションやネットワーク作り、人の世話をすることなどはお手の物です。人の世話をするというのが私の仕事ですから。人の世話ばかりやりすぎている気もしますけど」

質問8 自ら進んでウェルス・サイクルを作り、稼動させる気があるか？

「ええ、もちろんです」

とケリーは答えた。

「この問いの正解は、それですよ」

私はそう言った。

収入の多くを税金に持っていかれてしまっている

ケリー・キングスレーのギャップ分析

現状はどうなっている？

収入（税込）	資産
15,000ドル／月	1,655,000ドル 投資用不動産 1,000,000ドル 持ち家の実質価値 500,000ドル 自営者向け 個人年金口座（SET-IRA）30,000ドル 現金 125,000ドル

支出	負債
5,000ドル／月	900,000ドル 持ち家のローン残金 200,000ドル 投資用不動産のローン残金 700,000ドル

持っているスキル
人事管理、コミュニケーション、ネットワーク作り

稼いではいるが、忙しすぎて老いた母親の面倒を見る時間がとれない。

税金を引かれた後の残りがこの額なので、相当多額の税金を払っていることになる。

投資は成功しているが、それに見合った収入を生んでいない。

1年後、どうなっていたい？

- 45,000ドル／月のキャッシュフローを作り出す
- ビジネスを起こして、仕事量は減らす
- 母親の面倒をきちんと見られるようにする
- 法人組織を見直して、手元に残るお金を増やす

8つの質問の答えから導き出されたケリーのギャップ分析は次のようになった。

実態を見れば、やるべきことは一目瞭然

ギャップ分析から、**ケリーがお金を稼ぐのは上手だがそれを手元に残しておくことが苦手だということはよくわかった。**ケリーのベースラインを見て私がびっくりしたのは、資産の量と収入の額のアンバランスだ。ケリーはもっと資産をうまく構築し、お金を作る方法を見つける必要がある。

ケリーのフリーダム・デーの目標のひとつは、収入を3倍にすることだった。法人利用の実態を見直し、キャッシュ・マシンを強化すれば、より多くのお金を手元に残すと同時に、ビジネスを立ち上げ、母親の世話も充分に見られるようになるはずだ。

だから、どんな順番でケリーのウェルス・サイクルを積み上げていったらいいかは一目瞭然だ。

法人組織を立て直すのが先決で、次に、ウェルス・サイクルに充分な燃料を補給できるだけの収入をキャッシュ・マシンに生ませればいい。

3つのビジネスそれぞれに異なる法人形態をあてる

まず早急に手をつけなければならないのは法人組織だった。

ケリーが選んでいるSタイプの会社の場合、ビジネスからの収入や支出は会社の株主に移転されるので、それに対する税金も個人が払わなければならない。ケリーの場合、それはあまり良い選択とは言えなかった。ビジネスを持っていても、それに合った会社組織を選ばないと、よぶんに税金をとられることになりかねない。

税金対策を強化するために、ケリーは、もっとしっかりした法人組織作りをする必要があった。

不動産の所有権を個人ではなく会社に持たせたのは賢明な選択だったが、その会社の種類が間違っていた。不動産に関してはSタイプではなく、LLC（有限責任会社）にする必要がある。

また、腕の良い会計士だったら、彼女の所有する会社のうち1つ、例えばヘッドハンティングの会社をCタイプの会社にして、もう一方の人材派遣会社をSタイプの会社のままにしておくことを勧めただろう。

Cタイプの会社の場合、会社の収入や支出はSタイプの会社のように株主には移転されず、会社内で処理される。そして、ケリーは給料や配当の形で会社から支払いを受けることができる。このような仕組みによって、Cタイプの会社はSタイプの会社ではできないような税金対策を立てることができる。

また、このCタイプの会社は、ケリーのもう一方のSタイプの会社のためにマーケティングや経営、販売などの面でサービスを提供することができる。この場合、その費用はSタイプの会社の収入から支払うことができ、税金を払う前の収入から経費として落とせる。また、Cタイプの会社は決算時期を自由に決められるので、節税効果が出るようにその時期を決めることもできる。

法人利用のメリットは限りなく大きい

あなたのお金を個人の銀行口座に入れておくより、法人を作ってそこに入れておく方が良い理由はいくつもある。その最大の利点は、資産を守り、あなた自身のリスクを最小限にしながら、資産を増やし、それを維持するチャンスが与えられることだ。

それに、あなたに個人的な責任がかからないようにする、あなたの財産にプライバシーを持たせる、思いがけない変化も起こり得る個人的な生活とあなたの財産を別にする、税法で許された節税対策を最大限に活用する、といったことも可能になる。

ほかの多くの国でも同じだと思うが、アメリカの税法では、大きく分けて2つの課税システムがある。ひとつはいわば従業員用、もうひとつは企業用だ。みなさんもご存知のように、従業員は給料に課税され、一般にそれは源泉課税という形で給料から天引きされる。一方、企業の場合は、自分で税金を管理できる。つまり、適切な経費を収入から差し引いたりできる。

金持ちになりたかったら、金持ちのように考え、行動する必要がある。私が知っている金持ちは、そのほとんどが複数の会社や慈善目的の財団を持っている。

法人形態を選ぶには専門家の手を借りよう

法人にはいくつもの形態があり、その中には、個人が資産を保護するために利用できるものもある。このような法人は、それを所有する個人とは独立した存在になる。法的な保護や課税方法、個人の責任範囲などは、ぞれぞれの形態によって異なるので、自分に合った形態を選ぼう。

ウェルス・サイクルを築こうと決めたら、ぜひ弁護士や会計士に相談して、どんな法人形態が利用できるか、どの形態が一番自分にとって有利か検討しよう。税法は地域によって異なるし、毎年修正が加えられるから、こういった専門家から常にアドバイスをもらうことが大事だ。

自分が利用できる法人形態と、税金面でのそれぞれの違いを理解することはとても大事だ。

税法はとてつもなく複雑で、専門家である公認会計士でもその一部しか活用していないという話はよく聞く。だから、あなたのウェルス・プランをしっかりサポートする方法を知っている会計士やファイナンシャル・プランナーを見つけることが大事だ。

探そうと思って見回せば、そういう人は必ず見つかる。すでに金持ちで、あなたの手本、相談相手となってくれている人がいたら、その人に聞いてみるのもいい。だれか紹介してくれるかもしれない。**優秀な会計士はあなたの資産形成チームの中で一番重要なメンバーだ。**形成した資産を持ち続けるためには、その重要性はさらに大きくなる。

法人の種類を知ろう

次にアメリカの法人の形態をいくつか挙げておく。国によって法律が異なるが、資本主義の国では似たようなものがある場合が多いので、専門家の手も借りてぜひ調べてみてほしい。

■Cタイプの会社――一般的な営利法人だが株主は二重に税金をとられる

営利法人。収益に対して税金を払う。ＩＲＳ（アメリカの国税庁）の定める法律のＣ項に準じて課税されるためこう呼ばれる。個人からは独立した法人で、株主は会社の負債・行為に対して個人的な責任を負わない。株主の数は何人でもいい。法人自体が資産、負債を持ち、製品やサービスを販売する。300項目の経費が認められている。会計年度はいつからでも始められる。配当には課税される。つまり、C会社として法人税を払い、配当に対してまた個人が所得税を払う。ただし、収入が5万ドル以下の場合は税金が安い。C会社を作り、この会社にほかの法人を経営させるというのは、会計年度の違いを利用してキャッシュフローを調整することができ、またいろいろな経費を落とせるという利点がある。

■Sタイプの会社——株主に課税され、会社には課税されない

オーナーが75人以下の小さな会社。C会社と同様、正式な法人で、株主は会社の負債・行為に対して個人的な責任を負わない。IRSのS項に準じて課税されるが、会社としては所得税を払わない。利益および損失はすべて、直接株主に移転され、株主が税金を払う。つまり、C会社と異なり、株主は「二重に」税金を取られることはない。控除できる経費として認められているのは150項目で、複数の会社を使った戦略に有効。また、新設ビジネスの場合は、損失を株主個人に移転できるので、個人の収入を減らすのに役立つ場合もある。（IRSの意図は、この新設ビジネスの促進にある）。会社の収入が増えてきたらSからCへと簡単に変えられる。

■リミテッド・パートナーシップ（LP）——数人が組んでビジネスをする

これは株式会社ではなく、1人以上のゼネラルパートナーと1人以上のリミテッドパートナーを有するビジネス組織。ゼネラルパートナーは一般に「積極的な投資家」で、実際にビジネスを切り盛りし、会社の負債や法的な責任を自分で負う。一方、リミテッドパートナーは「消極的投資家」で、金銭的に関わるだけで、経営に関して権限を持たない。その代わり責任も負わないでいいし、金銭的なリスクも出資分だけでいい。ビジネスを一緒にやろうという人たちの中に、積極的投資家と消極的投資家の両方がいる場合有効な形態。

■ファミリー・リミテッド・パートナーシップ（ＦＬＰ）——家族の資産を守る

リミテッド・パートナーシップでパートナーの過半数が同じ家族のメンバーである場合。相続の際の手続き、税金などの面から相続対策の一環として、家族の資産を守るのに有効な法人組織。ＦＬＰのパートナーの構成はＬＰと同じだが、一般には両親あるいは祖父母が自分たちの資産をＦＬＰの所有としてゼネラルパートナーとなり、子供や孫をリミテッドパートナーとする。

■ＬＬＣ（有限責任会社）——不動産投資に向いた課税形式

これはパートナーシップとも株式会社とも異なる形態で、両方の利点をとったものと考えることができる。個人とは独立した法人なので、個人は法人の負債や行為に責任を負わない。つまり、ふつうの会社と同じ有限責任の利点があり、LLCのメンバーの金銭的な責任範囲は出資額に留まる。一方、パートナーシップの利点である、課税の移転もできる（ただし、Cタイプの会社のような課税方法を選ぶこともできる）。LLCはSタイプの会社によく似ているが、税金の面でSタイプの会社より柔軟性があり、とくに不動産投資の場合、この形態がよく使われる。

トラスト（信託）——個人の資産を守る

トラストは1人、あるいはそれ以上の人の利益を守るために、その財産の法的所有権を維持する組織だ。トラストには、信託人と被信託人（管財人）、信託受益者の三者が関わる。個人から独立した法人で、相続対策、資産保護対策に使われる。

法人組織にはそれぞれ特徴があり、どの形態があなたの役に立つかを決めるには、それぞれの有利な点、不利な点をよく知っている必要がある。あなたのウェルス・サイクルに合った法人組織を選ぶ時には、いくつかの形態を検討し、最適なものを選ぼう。その際には必ずきちんとした資格を持った弁護士や会計士に相談することが大事だ。

（日本での法人利用については160ページを参照）

経費を計上して税金を節約する

私の経験から言って、たいていのビジネスオーナー、投資家は合法的に控除できる経費をちゃんと計上していない。つまり、**ビジネス上の経費を自分の個人の財布から出しすぎていることが多い。これは、本来ならそのビジネスに再投資できる、あるいはほかの資産の獲得に回すことのできるお金をみすみす損しているのと同じだ。**

次に挙げたのは、ビジネスの経費にして節税に役立てることができる可能性のある費用だ。もちろん、こうした控除を利用するには法人化されたきちんとした組織が必要だ。また、どのような経費が落とせるかどうかは、業種や形態によっても違うので、個々のケースについては会計士や税理士に確かめなくてはいけない。

- 光熱費
- コンピュータ備品
- 事務所の家賃
- 電話代
- 事務用品

従業員給与
弁護士・会計士・税理士などへの支払い
教育費
インターネット使用料
ウェブサイト作成・運営費
マーケティング費用
接待費用
食費
旅行費
社用車、ガソリン、保険費用
社宅賃料、購入費用
贈答費

大きな資産をさらに大きく

さて、ケリーのケースに戻ろう。ケリーは3つの会社のうち2つの法人の形態を変え、将来的な予測をもとに支出管理をすることで大きな節税効果を生み出した。また、ヘッドハンティングの会社と人材派遣会社のマーケティングに力を入れることで、売上を増やすことにも成功した。

さらに、法人組織の見直しをするために新しい会計士を雇うと同時に、個人と会社のための財形口座も始め、投資用の資産を増やすことでさらにウェルス・サイクルを加速させることにした。

ケリーはもともと165万5000ドル相当の資産を持っていたが、その内訳は、100万ドルが投資用不動産（ローン残金90万ドル）、50万ドルが持ち家の実質価値（ローン残金20万ドル）、3万ドルが自営業者用の年金、12万5000ドルが現金となっていた。

私がケリーに勧めたのは次のような資産の活用法だ。

1. 持ち家の実質価値をもとに20万ドルの借り入れを受ける。

2. 投資用不動産の実質価値をもとに10万ドルの借り入れを受ける。

3. 自営業者用の年金口座に入っている3万ドルを、もっと自分で直接に管理・運用できる個人年金口座に移す。

4. 現金のうち10万ドルをもっと多くの利益を生む資産に変える。

こうして新たに生み出された43万ドルの資金を、ケリーは自分で選んだ投資先につぎ込むこ

完成!

適切な法人形態を選んで支払う税金を減らす

ケリー・キングスレーのウェルス・プラン

現状はどうなっている?

収入（税込）	資産
15,000ドル／月	1,655,000ドル 投資用不動産 1,000,000ドル 持ち家の実質価値 500,000ドル 自営者向け 個人年金口座（SET-IRA）30,000ドル 現金 125,000ドル
支出	**負債**
5,000ドル／月	900,000ドル 持ち家のローン残金 200,000ドル 投資用不動産のローン残金 700,000ドル

稼いではいるが、忙しすぎて老いた母親の面倒を見る時間がとれない。

投資は成功しているが、それに見合った収入を生んでいない。

税金を引かれた後の残りがこの額なので、相当多額の税金を払っていることになる。

持っているスキル
人事管理、コミュニケーション、ネットワーク作り

1年後、どうなっていたい?

- 45,000ドル／月のキャッシュフローを作り出す
- ビジネスを起こして、仕事量は減らす
- 母親の面倒をきちんと見られるようにする
- 法人組織を見直して、手元に残るお金を増やす

こんなプランなら、目標を実現できる！

ここがポイント！

それぞれのビジネスに適した法人形態をとって節税対策をとれば、多額の税金をムダに支払わずに済む。

収入（税込）	資産
	所有しているビジネス2つと不動産の資産管理会社の法人形態を変更
	資産 430,000 ドル分の振替
不労所得 プラスのキャッシュフロー 5,000 ドル／月 ←	ビジネスと約束手形への 投資　250,000 ドル
資産評価額上昇を目的とした投資 2 年後 456,000 ドル ←	値上がりを見込んだ 不動産への投資 180,000 ドル
キャッシュ・マシン 人材派遣会社と ヘッドハンティング会社 15,000 ドル／月→ 45,000 ドル／月	

ここがポイント！

もともと所有しているビジネス2つのマーケティングを強化し、節税対策をすれば、キャッシュフローは3倍にできる。

とにした。不動産にはすでにかなり投資していたので、投資を多様化したいと思っていたケリーが選んだのは、投資の面でこれまでも協力し合ってきた2人のフィールド・パートナーが新しく立ち上げたビジネスへの投資だった。どちらも24パーセントのキャッシュフローが得られる見込みだった。

純資産の額や経験から言って、ケリーにはある程度リスクのある投資ができると判断した私は、この投資に賛成した。その結果、新たに毎月5000ドルの不労所得が入るようになり、そのうち2000ドルを母親の世話に当てることができるようになった。

すべてのことを自分でやろうとしない

人の世話をすることとは、ケリーの生きがいとなっていた。しかし、ウェルス・サイクルを軌道に乗せるためには、他人のため、自分のためにかかわらず、すべての面倒を自分で見たいと考えるのをやめて、チームワークを活用しなければいけない。ケリーにはその点で「思考の転換」が必要だった。

チームを作るためには、リーダーシップを発揮すること、適切な人材を集めることが大事だ。ケリーの場合は法人形態についてこれまで彼女が得ていたアドバイスは適当とは言えなかった。会計士の中には会計処理・手続きをするだけで、本当に顧客のためになることを考えてくれない人もいる。役に立ってくれないとわかったら、アドバイザーを変えるのもリーダーとしてのあなたの役目だ。

資産形成プロセスにある人が抱えがちな問題のひとつは、必要に迫られるまで専門家からのアドバイスを得ようとしないことだ。つまり、資産が手に入って心配が出てくるまで何もしない。本当は、ゴールをうまく決めるには、良いスタートを切る必要がある。優秀なアドバイザー、コーチが必要なのは、資産形成の初期の段階だ。

最初に良いチームを作り、適切なアドバイスを受けることができれば、あなたが学習する間に犯す間違いも減り、時間やお金の節約になる。まだ資産作りにとりかかったばかりでも、最新の知識と豊富な経験を持った専門家を集めて、最高のチームを作るべきだ。

そうした専門家を今すぐ全員雇う必要はない。ただ、どんな専門家が自分に必要かを見極め、どうやったら適切な人にコンタクトをとることができるか、常にアンテナをはりめぐらせておくことが大事だ。

適切なアドバイスを受けるようになったケリーのストレスレベルは一気に下がった。法人組織の整備は専門家の助けがいるし、はじめての人には大きなチャレンジだが、それさえできれば、あとは収支を予測し、支出を管理して適切な戦略を立てていけばいい。

逢坂ユリが解説します
日本ではどうだろう？

法人利用は節税以外にもメリットあり

法人を利用するメリットは日本においても同じです。以前は、会社設立はたいへんハードルの高いものでしたが、2006年に施行された新会社法によってずっと簡単になりました。会社組織にすれば、支払う税金の額を抑えることができたり、資料費や交通費を事業に関する経費として計上できたり、と、資産形成には大きなメリットがあります。たとえば、不動産投資をするのであれば、賃料などを管理する資産管理会社を作ると、不動産の減価償却もできます。

もちろん、会社設立にはメリットと同様にデメリットもあります（たとえば、会社設立時には登記費用、設立後も毎年の決算にかかる費用や帳簿作成を税理士に任せるのであれば顧問契約料なども必要）ので、両方を見比べて検討しましょう。

税金を引かれた後では遅い

会社員や公務員の生活が長いと、給料から税金などが引かれた後の手取り額が使えるお金となり、その中から生活費を出し、わずかな余剰資金が投資にまわるという「税引き後」の投資マインドになってしまいます。

資産を効率よく拡大させていく際のポイントは、コストをどれだけ抑えることができるかです。そして、法人にとっても個人にとっても最大のコストは税金。ただ、ここで勘違いをされては困るのですが、単純な節税を求めていては、いつまでも大金持ちにはなれません。法人を作り、「税引き前」の投資マインドになることが必要です。

第6章ではアメリカで利用できる法人組織が詳しく書かれていますが、日本にもいくつかの法人形態があります。

株式会社——資本金1円でも設立可能に

もっとも一般的な法人の形で、社会の信用度も高い。新会社法の施行後、資本金1円でも設立できるようになり、手続きも簡素化された。法人として課税される。出資者は有限責任。

合同会社（LLC）——費用・手続きが簡単

設立費用は株式会社の半分以下で、手続きも簡単。出資者は有限責任で、利益配分は出資比率によらず自由に決められる。設立した後で、株式会社に組織変更することができる。アメリカのＬＬＣと異なり、法人課税がある（課税の移転ができない）。

有限責任事業組合（ＬＬＰ）――個人事業者同士が連携する場合に便利

法人格はなく「組合」。出資者は有限責任で、利益配分は出資比率によらず自由に決められる。株式会社への変更はできない。法人課税はなく、利益によって配当を受けた個人が税金を支払う。赤字が出た場合には個人の所得からマイナスすることができる。

どの形態の法人がいいか、専門家の意見も聞きながらよく調べて判断しましょう。

第7章

支出を管理しなさい！

穴開きバケツを修理する

ウェルス・サイクル・プロセスでは、お金をどう使うかを慎重に、計画的に決める。きちんと予測して計画を立ててみると、今のさまざまな制約を越えた、もっと大きな将来の展望が見えてくる。

この予測を立てるには、まず収入と支出を、個人と会社（複数の会社を持っている場合はそれぞれ）に分けなければならない。これは、仕事にかかわる経費を自分のポケットから出すのではなく、会社の経費として落として、節税効果を上げるために必要な作業だ。

ほかの会社に勤めていても、それとは別に自分のキャッシュ・マシンを持っていれば、そこから収入を得ると同時に、正当なビジネス経費を落とすことができ、節税効果が得られる。私の場合も、石油会社に会社員として勤めながら、個人的に健康・フィットネスコンサルタントをして多少の収入を得ると同時に、節税対策にも役立てていたことがある。

ビジネスはうまくいっているのにお金がない

ジム・クィンリンはカンサス州のトペカという町でパーソナルトレーナーをしていた。25歳でまだ独身で、自分がやっているパーソナルトレーナーのビジネスはうまくいっていると思っていた。でも、家賃を払うのもやっとという状態だったから、彼が思っているほどうまくいっていないのは明らかだった。それどころか実際は、毎月赤字になっていた。

「ぼくは頭が良いと思っていました。自分を守るための会社も作ってあるんです。パーソナルトレーナーは人の身体にかかわるビジネスですから、何か不都合が起きてその責任をとらなければならなくなると大変ですからね」

ジムは語った。

「でも、そうやってもちっともお金は儲からないんです。ぼくがやっているのはLLC（有限会社）です。そのほかにSタイプの会社とCタイプの会社を1つずつ持っています。でも、その2つは実際には使っていません。自分でも何のために持っているかわからなくて……」

質問1 毎月の収入はいくらか？

「フィットネスビジネスからの総収入は年間8万ドルです。で、そこから自分に週625ドル払っていて、それに対して個人の所得税を払っています」

質問2 毎月の支出はいくらか？

「だいたい月に3000ドルくらい使っています。ビジネスにかかわる費用は含まず、個人的なものだけでです」

ジムの家計はめちゃくちゃだった。何しろ毎月使う額と税金の合計が収入より多いのだから。会社は年に8万ドル稼いでいたが、3つもある法人を有効に使っていなかったから、おそらく8万ドルのうち半分は税金として払っていただろう。将来を見越して計画的に法人を利用する方法を学べば、総売上における自分の取り分を増やすことができ、すぐに家計を立て直すことができるはずだ。

質問3 どんな資産を持っているか？

「ビジネスが資産かな。ただし、具体的にはぼく自身とトレーニング用のウェートだけですけれど。自営業者用の年金口座には5000ドルの大金が眠っています。あと、住んでいるアパートは賃貸です」

質問4 どんな負債があるか？

「ビジネス関係で3万ドルくらい借金があります。ビルの正面の看板スペースのリース料やマーケティング代、備品の購入費などですね」

質問5 ほかに見落としているものはないか？

「いつもクレジットカードの借り入れが3000ドルくらいあって、なかなかそれを返せないんですよね」

質問6 どんなふうになりたいか？

「いくらかでもお金があればなあと思います。自分が稼いだお金を実際に手にして、この目で見たいということかな。わかるでしょう？」

実は私には、そもそもそんな状態になっていることがわからなかった。

「今のビジネスで20万ドルくらいは稼げるはずです。何か製品を開発してそれを売ることを考えてもいいですね。で、10万ドルくらいを新たに資産に投資して、月に５０００ドルくらいのキャッシュフローがあったらいいですね。実際に手にできるお金ということですよ。それから、負債も減らしたいですね」

質問7 お金を稼ぐために使えるスキルとして、どんなものを持っているか？

「ぼくはパーソナルトレーナーです。生理学と栄養学についてはよく知っています。それから、人と上手に付き合うのも得意です。ビジネスもやっていますから、予算を立てるとか、マーケティングとか、多少はできますが……充分ではないことは確かですね」

質問8 自ら進んでウェルス・サイクルを作り、稼動させる気があるか？

「ええ、もちろん」

とジムは答えた。

ビジネスの売上は多いのに赤字続き

ジム・クィンリンのギャップ分析

現状はどうなっている?

収入(税込)	資産
2,500ドル/月	5,000ドル 自営業者用 年金口座(SEP-IRA)5,000ドル
支出	**負債**
3,000ドル/月	33,000ドル ビジネスのための 銀行からの借り入れ 30,000ドル クレジットカード利用 3,000ドル
持っているスキル	
フィットネス、栄養学、人との付き合い	

売上は80,000ドルもあるのに、手元に残る金額が少なすぎる。

収入を上回る支出で赤字を続けており、家賃を払うのもやっと。

1年後、どうなっていたい?

- ビジネスの売上を200,000ドルにする
- 資産に100,000ドル投資する
- 5,000ドル/月のキャッシュフローを得る
- 借金をなくす

やっていることは正しい。ただ、タイミングが間違っている

ギャップ分析の結果から判断して、ジムは「税金の犠牲者」と言うことができそうだった。確かに従業員としては税金を払わず、会社として払うようにはしていたが、会社をうまく利用していない。それに、収入、負債のどちらも個人に属するものが多すぎる。

ジムはもっと収入を増やし、そのうち自分の手元にとっておける分をもっと多くする必要があった。そのためには、ベースラインの数字を細かく見て、ジムのビジネスモデルに沿って法人組織をもっとうまく利用し、適切な方法で収入と支出を振り分けなくてはならない。**ジムの収入は穴の開いたバケツに流れ込んでいる。だから、よけいな税金を払うことになっていたのだ。**

ジムのウェルス・サイクルは、「法人利用」と「支出管理」から積んでいく必要がある、と私は考えた。

ジムはパーソナルトレーニングのビジネスのためにLLC（有限責任会社）を利用していた。これは、自営業者として税金を払いすぎている可能性を示している。それから、収支の見通しを立て、それを適切に配分し、計画的に利用することもしていなかった。ジムは支出を正しく管理し、収入を増やすための手助けを必要としていた。

ジムの問題点は物事をやる順序にあった。彼は正しいことをやってきたが、やるタイミングが間違っていた。これは、資産を築く際に気をつけなければならない大きな落とし穴だ。**お金の流れのパターンは、うまく作らなければいけない。そうしないといくらお金を稼いでも税金にとられるばかりで、自分の資産を増やすためには使えない。**パターンを一度作ってしまえばあとはそれに従うだけだ。そして、ひとつのパターンが軌道に乗ってウェルス・サイクルをさらに加速させたいと思ったら、パターンに修正を加えればいい。

ジムのビジネスにはまだ収入を増やせる可能性が充分にあったし、ジムは25歳の若さで「何とかしたい」と思って私のところに相談に来たわけだから、自覚もやる気も充分にあった。だから、フリーダム・デーの目標を達成できる可能性も充分にあった。

節税に効果的な法人形態に整理する

まずジムがやらなければいけないのは、パーソナルトレーナーのビジネスを、LLCではなくSタイプの会社で扱うようにする一方、Cタイプの会社を有効に使うことだった。そのほかに、LLCを作り変え、将来の不動産取引のために使えるようにする必要もあった。これらをすべて準備するには会計士の助けが必要だ。

収支予測をしてみると、トレーナービジネスに燃料を補給するためには、新たにキャッシュ

個人と法人それぞれの会計データを作ろう

		収入	支出	資産	負債
個人					
法人	トレーニング会社				
	食品販売会社				
	不動産関連会社				
合計額					

・マシンを作る必要があることがわかった。

私が勧めたのは栄養補助食品などを売るネットワークビジネスだ。Cタイプの会社はこの新しいビジネスをやると同時に、Sタイプの会社のために備品を買ったりするサービスを提供する。

支出管理は個人・法人それぞれで網羅する

ジムの場合、支出管理は、個人と3つの法人のそれぞれに収入、支出、資産、負債を振り分け、どうしたら支出を利用して節税効果を上げられるか検討することから始まった。

この支出の内訳は、あなたがどのような法人を所有するかということが、支出管理と資産形成に重要な役割を果たすことを示している。ただ、私の経験から言って、多くの人がこの段階でとまどい、専門家の助け

個人と法人それぞれの収入・支出の内訳を出そう

	個人	法人		
		トレーニング会社	食品販売会社	不動産関連会社
収入の内訳				
貯金の利子				
パーソナルトレーニング				
トレーニング用製品				
栄養食品販売売上				
投資				
総収入				
支出の内訳				
財形口座				
備品費				
看板スペースリース料				
ホームオフィス家賃				
ホームオフィス関連費				
光熱費				
車のリース代				
車の保険代				
車のガソリン・駐車場代				
教育費				
そのほか				
総支出				

を一番必要とする。

でも、一度このことを理解し、パターンを作れば、そのあとのメンテナンスは思ったより簡単だ。経験と知識が豊富な資産形成チームの助けを借り、適切な予測を立てて、適切なバケツに収入や支出を振り分けるようにしよう。

■ありのままの支出状況を明らかにする

何にいくら使っているかを正確に把握するために、支出管理は毎月行おう。たとえば家賃、教育費、衣服費、食費、ローン返済なども含めて考えよう。数字を正しく把握していれば、自分のお金がどこに流れ出ているかがわかる。

支出としてどんなものを計上したらいいかを知るには、コンピュータの会計ソフトを使うのが一番いい。**支出を網羅するには、「迷った時には、そのまま放っておかない」という姿勢が大事だ。**自分に正直に、すべての支出を計上することが結局は得をすることにつながる。

現在のあなたのありのままの支出の状態を表にしてみよう。

■専門家の手を借りて節税の道を考える

そして次に、節税と単純化の2つの目標を達成するにはどうしたらいいか、専門家の手を借りて検討しよう。適切な予測をもとに支出を計画的に配分すれば、すべての支出を最大限に利用することができる。

どうしても必要な支出は何か、それにはどれくらい必要か、細かく計算しよう。そのリストの中で特に目立って多いものは何だろう？　もしかしてそれは使いすぎではないだろうか？　前からそうしているというだけの理由で、今はあまり必要もないのに習慣的に使っているものはないだろうか？　そのお金をほかに回すことはできないだろうか？

支出の中には、無意識のうちに使っているものもあるかもしれない。これからはそういう支出はなくそう。資産を築こうと思ったら、支出の扱いを慎重にしなければならない。これはもちろん、好きなことを全部あきらめて支出を切り詰めろというわけではない。ろくに考えもせずに無駄に使っているものはないか、気を配ろうということだ。

■支出の予定を立てる

次はその心構えをもとに、支出の予定を組もう。ライフスタイル・サイクルとウェルス・サイクルの違いがもうわかっているあなたには、無駄な支出を切り詰め、財形口座や借金返済に回すという賢明な選択ができるはずだ。

お金は感情ではなく頭で使わなければいけない。「あ、これ、いいな」と思ったからといって、計画を変えてはいけない。感情を満足させるためのお金をいくらか取っておくのはいい。でも、その額に制限を設けることを忘れないようにしよう。

支出の現状や予測は、あなた自身や、経済状態の変化によって変わるものだから、常にやり続けなければいけない。やらないでいると、税金を払いすぎたり、感情に任せてお金を使ったり、無駄遣いをしていてもそれに気が付かないことになりかねない。

支出を細かく分類・分析する作業は、今は複雑で、自分には縁のないもののように思えるかもしれない。でも、これは資産を築くために必要な、戦略的ステップだ。先に進むうちにだんだんにわかってくるだろうから、今はざっとながめて、これから自分の考え方を変えていくきっかけにしよう。

あとは収入を増やして投資資金を作ることに集中

ジムのウェルス・サイクルの次の段階は、キャッシュ・マシンだ。ビジネスで年間20万ドル稼ぎたいというのがジムの目標だった。それを達成するためのアイデアはいくつかあった。

ジムは今トレーニング代として1時間60ドルとっている。1週間に30時間弱働いて、年間8万ドルを稼いでいる計算だ。立地や顧客層を考えると、今のままでは値上げをするのはむずかしいと思われたが、トレーニングに栄養コンサルティングサービスを付加すれば75ドルにはできそうだった。それに、トレーナーをもう1人雇って1週間のビジネス稼動時間を60時間にすれば、総売上を21万6000ドルにできる。また、栄養補助食品を売ったり、適切な支出管理

完成！

法人・個人別に支出を管理して収入を増やす

ジム・クィンリンのウェルス・プラン

現状はどうなっている？

収入（税込）	資産
2,500ドル／月	5,000ドル 自営業者用 年金口座（SEP-IRA）5,000ドル

売上は80,000ドルもあるのに、手元に残る金額が少なすぎる。

支出	負債
3,000ドル／月	33,000ドル ビジネスのための 銀行からの借り入れ 30,000ドル クレジットカード利用 3,000ドル

収入を上回る支出で赤字を続けており、家賃を払うのもやっと。

持っているスキル
フィットネス、栄養学、人との付き合い

1年後、どうなっていたい？

- ビジネスの売上を200,000ドルにする
- 資産に100,000ドル投資する
- 5,000ドル／月のキャッシュフローを得る
- 借金をなくす

こんなプランなら、
目標を実現できる！

収入（税込）	資産
ここがポイント！ **収支予測の結果、収入源がもう1つ必要だとわかったので、もともと持っているビジネスと関連が深いビジネスを新しく立ち上げ、さらにいまのビジネスを拡大して、収入増を図る。** **キャッシュ・マシン** 291,000ドル パーソナルトレーニング会社 216,000ドル／年 栄養補助食品販売会社 75,000ドル／年 **不労所得** プラスのキャッシュフロー	所有しているビジネスの法人形態を変更 個人の家計と法人それぞれの帳簿を作る **ここがポイント！** **どこから支出をすれば経費として計上できるかを考えることで節税できる上に、無駄遣いも抑えられ、収支予測も立てることができる。** 4つの財形口座に毎月8,400ドル貯めて100,000ドルの投資資産を作る 検討中：6,000ドルを頭金にして賃貸不動産を購入、毎月200ドルの不労所得を得る

をすることによってもジムの収入は増えそうだった。そのほかに私は、トレーニングビデオの制作・販売も勧めた。

以上のようにして収入を増やせば、5段階式借金返済プランを実行して銀行ローンとクレジットカードの借金を返すことができ、次にビジネス関係のローンに取り組むことができるはずだ。そうすれば、借金管理は軌道に乗る。

1年以内に10万ドルの投資資産を獲得したいというジムの目標を達成する鍵は、財形口座にあった。そのためには、支出予測・管理をする時に、個人と3つの会社それぞれにこの口座を設けなければならない。そして、毎月約2100ドルずつ、合計8400ドル貯めれば、1年後には投資資金が貯まっているはずだ。

ジムの資産は自営業者用の年金プランに入っている5000ドルだけだった。でも、ジムは今すぐそれを引き出して、直接自分がコントロールできる年金プランにつぎ込むことはしたくないと思っていた。彼は、自分の所有する会社の財形口座に6000ドル貯まるまで待ち、それから、それをもとに不動産投資を始めることに決めた。

法人を作っただけでは解決しない

ジムの場合の思考の転換のポイントは、法人にしておけばそれでOKという考え方を改め、

その仕組みを正しく利用する方法を学ぶところにあった。

さらに、これまで「一匹狼」でやってきたが、この点でも考え方を改めて、チームワークを利用することも学ぶ必要があった。例えば、これまで法人組織について適切なアドバイスをしてこなかった会計士は別の人に変える必要があったし、売上を増やすには、トレーナーを雇って自分の下で働かせる必要があった。

ジムのようにひとりで奮闘していて、同じ落とし穴に落ち込んでいるパーソナルトレーナーは多い。**チームワークを利用したビジネスモデルについて学ぶには、経験と知識が豊富で、手本となってあなたを導いてくれるメンター（良き師）を見つけるのが一番だ。**

その後、ジムは私たちのアドバイスに従って個人と会社の収支を計画的に管理し、税金対策を立て、キャッシュ・マシンを強化することで、ウェルス・サイクルを加速させていった。

以前のジムが抱えていた「水漏れバケツ」の問題は、資産を築こうとしている人たちのあいだでよく見られる問題だ。ジムは法人組織の立て直しと支出管理をすることによって水漏れバケツの修理に成功した。これで、ジムは収入を資産を買うために使うことができるようになり、資産はさらなる資産を生んでくれる。ウェルス・サイクルの始まりだ。

第8章

財形口座に優先して入れなさい！

まず自分に払うこと

お金を稼ぐ、そしてそのお金で物を買う——たいていの人は、そうやって生活していくものだと思っている。そう教えられて育ってきたからだ。でも、資産形成を目指そうと思ったらそれではだめだ。**稼いだお金で「ライフスタイルを買う」のでは資産は作れない。私たちがまず買わなければいけないのは、キャッシュフローを生む資産だ。そして、そこから得られる収入で自分の好みのライフスタイルを買う。これが正しい順番だ。**

裕福に見えるが借金まみれの夫婦

ジョーンズ夫妻は夫のジョンも妻のジーンも50代後半で、お金を稼いで、そのお金で物を買うという考え方にすっかり慣れ切っていた。そして、見かけは裕福そうでも実際はいつもお金に困っていたが、その生活を維持するためにお金をつぎ込むことに疑問を感じていなかった。彼らにとっては、この考え方を捨てることが大きな課題になりそうだった。

質問1 毎月の収入はいくらか？

「ふたりとも年収が10万ドルほどあります。ですから、合わせて月1万6000ドルとちょっとです」

ジョンがそう答えた。

質問2 毎月の支出はいくらか？

ジーンはちょっと困った顔をしてジョンを見た。そして、ジョンをひじで軽くつついて、答えるように促した。

「かなり使っています。高級車を3台リースしていますし、湖畔の別荘で使うモーターボートのための月々の支払いもあります」

「それから、使いもしないプロ野球試合のシーズンチケットもね」

ジーンがそう付け加えた。

「休暇旅行の回数はもっと減らせるかもしれないね」

ジョンの言葉にジーンが反論した。

「それはだめよ。でも、シャーパーイメージ社のカタログにあるものを全部手に入れる必要はないかもね」

ジーンは私に向かってこう言った。

「うちには新しい発明品は何でもあるんですよ」

ジーンが夫の方を非難がましくにらんでいるのに気付いた私は、険悪なムードにならないうちにと急いで聞いた。

「で、毎月いくらぐらい使っているんですか?」

「最低でも1万ドルね」

ジーンが答えた。

質問3 どんな資産を持っているか?

「家は持ち家で、シンシナティ郊外の高級住宅地の4LDK。ローンの残りを差し引いた実質価値は20万ドルというところかしら。それから別荘の実質価値は10万ドルくらいね」

ジーンがそう言った。

「あのボートを買うのにローンを組まなければもっとあったでしょうけれど。それにボートを運ぶためのSUVも買ったし、それから……」

「ここではそういうことが問題ではないと思うよ、ジーン」

とジョンが口をはさんだ。

「いいえ、おふたりの場合、まさにそれが問題だと思いますよ」

私はそう言った。

質問4 どんな負債があるか？

「負債はきりなくあるように思えるね」

ジョンが言った。

「住んでいる家のローンの残りが60万ドル、別荘の分が20万ドルあります」

ジーンがそう説明した。

質問5 ほかに見落としているものはないか？

「勤めている会社の個人年金口座に20万ドルあります。それからケンタッキー州のリゾート地に6つの投資用不動産を持っています。どれも値上がりしていて、5年前に合計100万ドルで買ったのが今では150万ドルくらいになっています」

ジョンがそう答えた。

「毎月家賃も入ってきているんですよ」

とジーンが付け加えた。

「でもローン返済と税金で家賃収入以上にとられている。だから赤字ということですよね?」

ジョンが聞いた。

「そうですね。でも、おふたりの場合、個人で賃貸物件を所有し、しかもふたりとも会社に勤めているので、不動産収入に対する減価償却などの経費の控除の恩恵を充分受けていないと思いますよ」

私の答えを聞くとジョンは顔をしかめた。そこにジーンが口をはさんだ。

「そうそう、クレジットカードの借金が1万2000ドルあるわ。これも負債かしら?」

質問6 どんなふうになりたいか?

「借金をなくしたいね」

ジョンが言った。

「きちんと利益を生む資産がほしいわ」

ジーンが言った。

「会社勤めをしなくてよくなるといいね」

「私もだわ」

ジョンとジーンの場合、毎月の赤字をなくすだけでも大変なことが私にはわかっていた。このふたりは完全な「買い物中毒」だった。ほしいものを買い続けるという今の習慣を続ける限り、目標は雲のかなただ。目標を手の届くものにするには、ともかくふたりを正しいレールに乗せる必要があった。

質問7 お金を稼ぐために使えるどんなスキルを持っているか？

ジーンは笑った。

「スキルなんてないと思うわ。ふたりとも地元の大手運送会社に勤めているんだけれど……」

「私は業務管理、ジーンは財務をやっている」

稼いだ以上に使ってしまう

ジョーンズ夫妻のギャップ分析

現状はどうなっている？

収入（税込）	資産
16,667ドル／月 夫ジョン　8,333ドル 妻ジーン　8,334ドル	1,200,000ドル 持ち家の実質価値 200,000ドル 湖畔の別荘 100,000ドル 6つの投資用不動産の 実質価値 700,000ドル（一戸あたり購入価格 167,000ドル。現在の評価額 250,000ドル） 会社の個人年金口座（IRA）200,000ドル
支出	**負債**
11,200ドル／月	1,612,000ドル 持ち家のローン残金 600,000ドル 湖畔の別荘のローン残金 200,000ドル 6つの投資用不動産の ローン残金 800,000ドル クレジットカード利用 12,000ドル 6つの投資用 不動産の維持費 1,200ドル／月
持っているスキル	
業務管理、財務	

浪費癖があることは自覚しているが、贅沢な生活がやめられない。

資産はたくさん持っているが、ローンと維持費が大きく、結果的には負債が増えてしまっている。

一年後、どうなっていたい？

- 借金返済プランに積極的に取り組み、借金を減らす
- 損を出している負債を、利益を生む資産に変える
- ビジネスを起こす

質問8 自ら進んでウェルス・サイクルを作り、稼動させる気があるか？

「ええ」

ジーンがそう答えると、「もちろんだ」とジョンが続いた。

「それで結構。その答えが正解よ」

私はそう言った。

8つの質問が終わったところで、ジョーンズ夫妻のギャップ分析は次のようになった。

入ったお金を投資に使うためには、お金を使うタイミングがポイント

今のままでは、ジョーンズ夫妻は資産を形成するどころか、赤字をなくすことすらできないのは明らかだった。**夫妻のギャップ分析からわかるのは、ふたりが人生を豊かにするために良いことをたくさんしているのに、タイミングを間違えていることだ。つまりほしいと思っているものを少しがまんして、満足を得る時期をずらせば、もっとすばらしいものが手に入るはずだ。**

ふたりにとって一番の問題は、6つの賃貸用物件を個人の会計で処理していることだった。

だから、夫妻のウェルス・サイクルのブロックの一番目は「法人利用」だ。

その次に、資産の再配分をして、お金を使ってしまう前に投資する方法をふたりに教える、というのが私のプランだった。

法人を作り、支出管理をして収入を増やす

私たちはまず「法人利用」のブロックに取りかかった。そして、公認会計士の助けを借り、賃貸不動産のための2つの有限会社と、ふたりのすべての資産を守るための信託を設立した。そのほかに、将来ジーンが持ちたいと思っているキャッシュ・マシンのためのSタイプの会社も作っておいた。

ふたりの支出が多いのは明らかだが、うまく収支計画を立てて「支出管理」をすれば、税金を支払う前の収入からビジネスの経費として合法的に控除できるものがあるのも確かだった。ふたりには、支出をうまく管理する方法を学ぶ必要がある。例えば、ふたりは不動産セミナーに出席した経費をビジネスの経費として落としていなかったが、これは経費にできる。

■不動産投資の減価償却はバカにならない

もうひとつの問題は、ふたりが会社勤めを続けながら不動産投資をしていることだった。ア

メリカではこのような場合、減価償却費を経費として落とすという大きな税制上の利点をフルに利用できない。つまり、不動産投資を専業としていないジョーンズ夫妻の場合、2万5000ドルしか減価償却費として落とせなかった。専業なら3万6000ドルは落とせるはずなので、1年に1万1000ドルも損をしていることになる。

「おふたりのうち、どちらが会社を辞めますか?」

私がそう聞くと、ふたりはそろって手を挙げた。

■不動産買い替えで赤字資産を黒字資産に

ジーンとジョンには負債もたくさんあったが、資産もたくさんあり、自宅と別荘、賃貸物件の実質価値と個人年金口座のお金を合わせると120万ドルにもなった。

私はそのうち6つの賃貸物件を売って70万ドルを新たな物件に再投資することを提案した。こうすれば、買い換え特例を使うことができ、売却益に対する税金を繰り越すことができる。私は、2つの事業用物件AとBへの投資を勧めた。

赤字を出している6つの資産をプラスのキャッシュフローのある物件に買い換えたことで、ジョーンズ夫妻には次のようなプラスがあった。

①減価償却費を経費として落とせる。

②将来の評価額の値上がりを見込める。
③月7000ドルあまりの収入が生まれる。

そして、③の追加収入は財形口座と借金管理に大いに役立ってくれそうだった。

入ったお金を使う前に「自分に支払う」くせをつける

次の大仕事は、ジーンとジョンに、お金に対する考え方を変え、新しい習慣——財形口座にお金を入れるという習慣——を身につけてもらうことだった。つまり、「まず自分に払う」ということだ。これまで収入のすべてを使ってしまっていたジョーンズ夫妻の場合、ウェルス・サイクルを軌道に乗せるには、「財形口座」にお金を貯め始めることが絶対に必要だった。

■「自分に支払うこと」は、貯蓄とは違う

まず自分に支払うというのは、金持ちになるための大原則で、どんな状況でも従うべきルールだ。実はとても単純なルールで、収入の一部をとっておいて、それを投資する、というだけだ。ただし、自分に支払う額はきちんと決めて、どんなことがあってもそれを守らなければいけない。

これは古くからある考え方だが、誤解されていることが多い。金融アドバイザーの中にはこれを、単に貯蓄することと取り違えている人もいる。また、貯蓄ではなく投資を勧めていても、借金を全部返すまでは投資してはいけないと言うアドバイザーもいる。

「まず自分に支払う」という考え方は、たとえ借金があっても、その周りにお金の輪を作り、それをどんどん回して収入を生ませることで借金を無理なく返済するというやり方だ。ここをよく理解して、**「借金があるから怖くて何もできない……」という、ありがちな落とし穴にはまりこまないようにしよう。**

「財形口座への優先支払い」とは、投資のみを目的とした「財形口座」に収入の一部を優先的に入れることだ。まず、証券会社や銀行に財形口座を開き、毎月、できれば収入から自動的に差し引かれる形で、その一部がこの口座に振り込まれるようにしよう。そして、ここに貯まったお金を、キャッシュフローを生む資産に投資し、そのキャッシュフローで借金を返すようにすれば、あなたの借金問題は完全に解決だ。

■自然に貯まるのを待っていてはダメ

財形口座で肝心なのは、口座を作ったら最低額を決め、計画的に、「必ず」そこにお金を入れていくことだ。金額、タイミング――毎週あるいは毎月――はあなたが自由に決めていいが、私の経験から言うと毎月というのが楽だ。金額は少なくてもかまわない。それより、ともかく今すぐ始めること、そして続けることが大事だ。

資産形成の鍵は、早い時期に始め、頻繁に繰り返すことだ。多くの人が犯す最大の間違いは、良い投資のチャンスが見つかるまで、あるいはかなりの額のお金が「自然に」貯まるまで、プロセスを始めようとしないことだ。そして、自分にまず支払うことも、財形口座を作って計画的に投資資金を貯めることもしない。しかし、このステップは資産形成に欠かせない。

自分に投資しよう。これは一番大事なポイントと言っていいので、ぜひ忘れないようにしてほしい。**自分に投資しなければ、いつまでたっても資産形成はできない。**借金が複利で増えていくのと同じだ。あなたは知らないうちにどんどん損をしている。財形口座にお金が貯まっていくと、あなたは投資のチャンスにもっと敏感になり、さらには実際に投資先を検討することもできるようになる。

■どんなに家計が苦しくても必ず一定額を財形口座に

自分へ優先的に支払うというのは――常識に反しているように聞こえるかもしれないが――、本当に何を差しおいても、つまり、どんなに家計の苦しい月でも、請求書の支払いなどよりも「先に」財形口座にお金を入れることだ。自動的に返済されるローンと同じように考えるといい。はじめは1カ月に10ドルでもいい。ともかく始めてみると、どんどんお金が貯まっていくことにびっくりするだろう。

財形口座をうまく機能させるためには、金融機関の自動振替サービスを利用するといい。そうすれば、忘れたり、「今月はどうしよう?」と迷ったりすることがなくなる。また、銀行のオンラインサービスもぜひ利用したい。複数の自分の口座の間で振替ができるようにしておけば便利だし、口座の残高もいつでもチェックできる。

金額に関しては、収入の10パーセントを財形口座に入れることをお勧めする。これはずいぶん多いように思えるかもしれないが、政府に税金として払っている額を考えたら、それほど多いとは言えない。収入から天引きされる分をもう少し増やして、自分に払うことを考えよう。習慣になってしまえば、これはそれほどむずかしいことではない。

収入を増やしたら会社を辞めることもできる

ジーンとジョンのウェルス・プランについてまとめなおそう。ふたりはかなり良い給料をとっていたが、法人組織を持っていないために、効果的な税金対策をとることができないでいた。キャッシュ・マシンを作れば、ふたりのうちひとりは会社勤めをやめることができるし、自分のビジネスともなればやる気も出るから収入も増やせる。その上、投資用不動産に関する減価償却費控除の恩恵を充分に受けられるようになるのだからいいことずくめだ。

ふたりはあまり経験も知識もないまま投資用不動産を買って、評価額の面では資産価値を倍にしていた。つまり、時間をかけてきちんとした教育を受ければ、もっと収入を増やせる可能性があるということだ。ジーンは不動産売買が好きだったし、お金の計算にも強かったので、私はジーンに不動産売買についてもっと学ぶように勧めた。

そして、資産を再配分し、適切な法人組織を利用することで、ジーンとジョンは不動産から7000ドルほどの不労所得を得るようになった。

不労所得のほかに収入を増やすために、ふたりは業務効率を上げるためのアドバイスをする会社を起こした。キャッシュ・マシンだ。ジョンの業務管理の経験とジーンの財務の経験を活かしたこの会社は、始めてから1週間以内に顧客を見つけた。

その後、ジーンは会社勤めをやめて不動産投資を専業にすることにした。ジョンはこのキャッシュ・マシンが軌道に乗って、ウェルス・サイクルが本格的に加速し始めるまで会社勤めを続ける予定だ。

思考の転換が必要なときも「行動」を変える

財形口座に優先的に支払うプロセスを開始したら、こんどは借金管理に注目する番だ。ジーンとジョンには、財形口座に入れるのと同じ額を毎月の借金返済にあてるように勧めた。そのためには、ふたりはライフスタイルを変える必要があった。

ふたりの買い物癖は限度を超えていた。赤字の投資用不動産を売ることで毎月1200ドルの支出を減らすことができたが、それでは借金返済には足りなかったので、細かい支出管理をしてライフスタイルを見直すことを強く勧めた。またふたりが借金を返したあと、その状態を続けたいと思ったら、思考の転換をして、お金についての考え方、すぐに満足を得たがる自分たちの傾向を改める必要があった。

こういったことは話を聞くだけでなく、実際にやってみないとだめだ。ジーンとジョンも実際に資産を再配分し、法人組織を作り、支出を見直し、キャッシュ・マシンを稼動させ、財形口座にお金を貯め、借金を返済する……といったプロセスの中で、自分たちを変え、ウェルス・サイクルを維持するために必要なチームワークとリーダーシップの重要性についても学んでいった。

資産からの収入でライフスタイルを買う

お金に対する姿勢を変え、資産を移動し、自分にまず支払うという大事なコンセプトと財形口座を生活に取り入れることで、ジョンとジーンはウェルス・サイクル・プロセスで大きな一歩を踏み出した。

この章の最初に言ったように、「稼いだお金でライフスタイルを買う」のではなく、まず資

完成！

使う前に「財形口座」にお金を入れる
ジョーンズ夫妻のウェルス・プラン

現状はどうなっている？

収入（税込）	資産
16,667ドル／月 夫ジョン　8,333ドル 妻ジーン　8,334ドル	1,200,000ドル 持ち家の実質価値 200,000ドル 湖畔の別荘 100,000ドル 6つの投資用不動産の 実質価値 700,000ドル（1戸あたり購入価格167,000ドル。現在の評価額250,000ドル） 会社の個人年金口座（IRA）200,000ドル
支出	**負債**
11,200ドル／月	1,612,000ドル 持ち家のローン残金 600,000ドル 湖畔の別荘のローン残金 200,000ドル 6つの投資用不動産の ローン残金 800,000ドル クレジットカード利用 12,000ドル 6つの投資用 不動産の維持費 1,200ドル／月
持っているスキル	
業務管理、財務	

浪費癖があることは自覚しているが、贅沢な生活がやめられない。

資産はたくさん持っているが、ローンと維持費が大きく、結果的には負債が増えてしまっている。

1年後、どうなっていたい？

- 借金返済プランに積極的に取り組み、借金を減らす
- 損を出している負債を、利益を生む資産に変える
- ビジネスを起こす

こんなプランなら、
目標を実現できる！

収入（税込）	資産
	不動産のための法人、個人資産を守る信託を設立
不労所得 プラスのキャッシュフロー 7,083ドル／月	資産700,000ドル分の振替
賃貸不動産Aから 3,333ドル／月 ←	2,000,000ドルで利益率10%の賃貸不動産Aの頭金400,000ドル
賃貸不動産Bから 3,750ドル／月 ←	1,500,000ドルで利益率15%の賃貸不動産Bの頭金300,000ドル

ここがポイント！

法人化することで税金の支払いすぎをなくし、支出から経費を計上して控除を受けられる。


ここがポイント！

この追加収入のうち一定額を、毎月必ず「財形口座」に入れていくルールを作ると、浪費が防げ、新たな投資資金を積み立てることができる。

産を買って、そこからのキャッシュフローで自分の望むライフスタイルに必要なものを買うというのが正しい順序だ。

ジーンとジョンのふたりも、今後、自分たちも思ってもみなかったような豊かな生活を、より少ないストレスで手に入れることができるようになるだろう。ライフスタイルを買うという「ライフスタイル・サイクル」は、その場で満足を得ることの代償として長期的な問題を生む。ジョーンズ夫妻の新たなアプローチは、資産を獲得・維持しながらライフスタイルをそれに従わせるという「ウェルス・サイクル」だ。

もちろん、ふたりのプランの成功には、借金管理がうまくできるかどうかも鍵となる。次の章では借金を返済する方法について詳しく見ていこう。

第9章

悪い借金をなくしなさい！

悪い借金を解消し、資産も作る方法

クレジットカードでの買い物の支払いに追われている人は多い。アメリカではひとり当たり8700ドルのクレジットカードの借金を抱えていると言われる。つまり、これだけのお金を、稼ぐ前に使ってしまっているということだ。8700ドルといえば、完済するにはかなりの努力が必要な額だ。

最近の消費文化は「ほしいものがすぐに手に入る」ことを売り物にしていて、その誘惑に抵抗するのはむずかしい。でも、このことこそが私たちの資産形成の能力を弱めていることはよく知っておく必要がある。ウェルス・サイクルの土台を築くためには、借金をなくさなくてはいけない。

はじめにはっきりさせておきたいが、**ここで私が言っているのは「悪い借金」のことだ。つまり高利のクレジットカードの借金などについてだ。**不動産購入や、子供の学費を払うための低利のローン、ビジネスの経費としてその利子を控除できる借金などは含まない。**不動産やビジネスなどへの投資に「レバレッジを利かせる」ための借金は良い借金だ。良い借金は残しておいていいが、悪い借金は今すぐなくすようにしなければいけない。**

借金を解消するために自己破産申告をしたり、「ローンおまとめサービス」を利用する人がいるが、私はそういった方法は勧めない。結局は高くつくし、たいていは不必要だ。

この章では、悪い借金をゼロにすると同時にキャッシュフローを作り出し、今後の支出について心配しなくてすむようにする方法を紹介する。

キャッシュフローこそが鍵だとわかれば、そしてそれを生み出すことに集中すれば、これから一生、家計が赤字になることを心配しないですむようになることもよくわかってくる。

私がはじめて会った時、チャック・ウォレスはまだそのことがわかっていなかった。

「借金に追われ、疲れ果ててしまいました」

チャックは数学の教師で、専業主婦の妻とまだ赤ん坊の子供と3人で、テキサス州ヒューストンの郊外に住んでいる。数年前、私のところに相談に来たチャックは、8つの質問に次のように答えた。

質問1 毎月の収入はいくらか？

「月に3333ドルです」

質問2 毎月の支出はいくらか？

「生まれたばかりの赤ん坊がいますから、4000ドルは軽く超えてしまいます」

質問3 どんな資産を持っているか？

「教員年金口座に5000ドル、銀行に2000ドル。家は賃貸です」

質問4 どんな負債があるか？

「いくつかのクレジットカードで借金があります。借金を一本化して返すサービスも利用していて、全部で3万ドルくらいです。利子を払うのがやっとですね」

質問5 ほかに見落としているものはないか？

「妻が大学に通っていたころの学費ローンが全部で2万ドル残っています」

質問6 どんなふうになりたいか？

チャックは困った顔をした。

「……もうよくわかりません。教えるのは好きなんですが、ただ、もう疲れ切ってしまったんです。まだ30歳なのにね。本当にぼくがやりたいのは自分でバーを経営することです。そういうのはうまいと思うんです」

「具体的な数字についてはどう？」

「5万ドルくらい投資用資産が持てて、何もしないで毎月1000ドルくらい収入があったらいいですね。それから借金も減らしたい、できたらなくしたいです」

質問7 お金を稼ぐために使えるスキルとして、どんなものを持っているか？

「数学の教師ですから、数学かな。でも、本当の教師の仕事は、子供にやる気を起こさせるこ

返しても返しても借金がなくならない

チャック・ウォレスのギャップ分析

現状はどうなっている?

収入(税込)

3,333ドル/月

資産

7,000ドル

教員年金 5,000ドル

銀行預金 2,000ドル

> 収入が少ないため、利子を払うので精一杯の状態。

支出

4,000ドル/月

> 子供が生まれたばかりで、なにかと支出がかさむ。

負債

50,000ドル

クレジットカード利用、そのほかの消費者ローン 30,000ドル

学費ローン残金 20,000ドル

持っているスキル

教えること、組織作り、情熱、リーダーシップ、コミュニケーション力

1年後、どうなっていたい?

- 投資用資産として50,000ドルを作る
- 1,000ドル/月のキャッシュフローを得る
- 借金返済プランを立てて、それを実行する
- キャッシュ・マシンを作るためのビジネスプランを立てる

となんですよ」

質問8 自ら進んでウェルス・サイクルを作り、稼動させる気があるか？

「もちろんですよ」

借金は問題だが、返済だけにとらわれてはいけない

確かにチャックは借金から抜け出す必要があった。このような場合、**何よりもまず借金をなくすことに専念するように勧めるアドバイザーは多いが、私はそれより先にやらなければならないことがあると判断した。物事は順序よくやらなければいけない。**

ギャップ分析で明らかになった現状と目標との間のギャップを埋めるためには、チャックはお金をもっと稼ぎ、そのお金をとっておく方法を学ぶ必要があった。つまり、チャックのウェルス・プランのブロックは、「キャッシュ・マシン」「法人利用」が先に来るのだ。

チャックの負債のうち、低利の学費ローンはそれほど問題がなかったが、高利のクレジットカードの借金と、複数の借金をまとめる「おまとめサービス」によって一本化された借金の合計3万ドルは、できるだけ早く返す必要があった。

でも、まず収入を増やさない限り、この借金を減らすのはむずかしい。生活費をまかなうのにも足らない給料で、3万ドルの借金とその利子を完済するのは誰にとっても至難の業だ。

私が見たところ、チャックには実行力がありそうだったので、5万ドルの投資用資産と毎月1000ドルのキャッシュフロー、借金返済、キャッシュ・マシンという4つのゴールは充分達成可能に思えた。チャックのフリーダム・デーの目標は、チャレンジ精神を刺激してやる気を出させるだけの大きさを持つと同時に、実現可能性も充分持っていた。

好きな仕事ではなく、稼げる仕事でお金を作る

まず3万ドルの高利の借金を返さなければならなかったチャックには、毎月、借金返済のために300ドル、財形口座のために400ドル必要だと私は考えた。

チャックは月に1000ドルのキャッシュフローがほしいと言っていたから、全部合計すると年に9万6000ドルだ。頼りになりそうな資産は何もなかったので、キャッシュ・マシンだけで年に10万ドル近くを生むというのはかなり高い目標だったが、トライするだけの価値はあると私は判断した。

私はキャッシュ・マシンとして家庭教師ビジネスを始めることを勧めた。

「教えることには疲れてしまったと言ったと思いますが」

チャックは異議を唱えた。

「ええ、聞きました。でも、これはお金を稼ぐ方法を学ぶためにやるんです。それに、あなたは自分で教えなくてもいいんですよ。先生仲間で『やってみたい』という人を雇って、あなたはマーケティングと経営に専念すればいいんです」

それからのチャックの実行力には私も驚かされた。彼は同僚や知人を集めてパーティーを開き、家庭教師の候補者を探すと同時に、新しい自分のビジネスを口コミで広めてくれそうな人たちと話をした。パンフレットも作り、近所にせっせと配った。新しく携帯電話を買い、電話での問い合わせにいつでも応えられるようにもした。さらに、自分のトラックの両脇と後ろに大きなポスターを貼って、ビジネスを宣伝して回った。

その結果、ウェルス・プランを始めてから4カ月とたたないうちに、20人の生徒が見つかり、彼が雇った2人の教師のところに毎週通うようになった。家庭教師代は1時間40ドルで、チャックはその半分を斡旋代として徴収した。

家庭教師ビジネスが軌道に乗ってくると、チャックはほかの同僚でやってみたいという人をさらに何人か見つけ、科目数も増やして、結局1週間に延べにして100人の生徒を教えるようになった。さらに家庭教師代も1時間50ドルに値上げができたので、1カ月に1万ドルの収入を得ることができるようになった!

稼いだお金をしっかり守るため

生活費は教師として働いた月給でまかなうようにして、法人組織を利用すれば、支出をうまく管理して、総収入のうちもっと多くを自分の手元に残すことができるだろう。

チャックは家庭教師ビジネス用にSタイプの会社を1つ起こした。これから先、不動産投資を始めるようになったら、LLC（有限責任会社）を起こす予定だ。チャックはそのほかに、家庭教師補助教材を開発するプランを持っていて、いずれはその販売のためにCタイプの会社も起こすことになるだろう。

「疲れ切ってしまったという割には、すごいわね」

私はそう言った。

「これは楽しいですからね。今もバーをやりたいかどうか、ちょっと自信がなくなってきましたよ」

数字がお手のもののチャックにとっては支出管理は問題なかった。彼はとてもよく整理された会計チャートを作り上げた。ビジネスを起こしたおかげで、これまで個人の家計から出していた費用のうち、いくつかはビジネス経費に回すことができた。例えば、自宅の一部をオフィスとして使っていたので、その分の家賃や光熱費は会社の経費に回せたし、ビジネスにも使っていた車にかかる費用も一部経費にできた。

そして、肝心な借金管理に関しては、次に紹介する借金返済プランを始めることで、着実に成果が上がってきた。

資本主義世界は2つのグループの人間に分けられる。ひとつは利子を払う人たち、もうひとつは人から利子を払ってもらう人たちだ。もしあなたにクレジットカードの借金など、消費者債務があったら、あなたは間違ったグループに属している。複利の仕組みは実にすばらしい——あなたがそれをもらう側にいれば！

生活を切り詰めず、資産も作る借金返済法

借金の問題を抱える人の多くは、ライフスタイル・サイクルにすっかりはまり込んでいたり、借金をあちこちに移動することに忙しくて、資産形成を可能にする前向きの解決法を見つけることなど、想像すらできなくなっている。「借金さえなくなれば……」「この苦しみから抜け出せれば……」と思うばかりで、それ以上のことを考える余裕がない。

チャックはすでにある借金と、その借金をすることになった「原因」に別れを告げる決心をした。そして、まず、「もうどうしようもない。宝くじにでも当たらなくては返せない」というあきらめの気持ちを捨てた。

借金を返すには、借金を重ねてきた年月よりも長くかかることある。でも、チャックのように、ウェルス・サイクル・プロセスに従って、借金を解消し始めると同時に資産も作り始めれば、借金を返すまでの時間を無駄に使っているとは感じなくてすむ。

誰でもそうしたいと望めば、お金を借りる立場から貸す立場になれる――これは事実で、私は経験からそのことをよく知っている。**基本的な借金解消法を確実に実行していけば、3年から7年のあいだに、借金から抜け出すと同時に、ウェルス・サイクルを築き始めることができる。ここで大事なのは、この2つのプロセスが「同時に進行する」ということだ。**5段階式借金解消プランは、借金をなくすだけでなく、財形口座を作って自分への優先支払いの習慣をつける手助けをする。

実際にやってみるとわかるが、この方法がほかの借金解消法と違うのは、悪い借金をなくすあいだも前と変わらない生活ができることだ。生活を切り詰めて借金を返すことを勧める人はたくさんいるし、私もそういう方法を取り上げた本を見かけたことがある。でも、あなたはどう思うかわからないが、私にはそのやり方は納得がいかない。私が勧める5段階式借金解消戦略は次のようなものだ。

■第1段階　借金返済リストを作る

クレジットカードでの買い物を含め、消費財を後払いで買った「消費者債務」をすべてリス

すべての借金をリストアップしよう

	借金先	金額	月づきの最低返済額	利率	借金指数
1					
2					
3					
4					
5					
6					

トアップしよう。ベースラインを記録する時もそうだが、これもコンピュータで表を作り、管理するといい。

リストにはクレジットカードや月賦の支払いで残っているもの、資産ではないものを購入したローン、そのほかの借金を全部記入する。リストに入れる情報は、借金先の名称（例えばクレジットカード名）、金額、毎月支払わなければならない最低返済額、利率。そして、最後の欄には「借金指数」と書いておく。

■第2段階　借金指数を計算する

リストの最後の欄を埋めるにはちょっとした計算が必要だ。借金の総額を最低返済額で割ったものが「借金指数」だ。例えばクレジットカードの借金が7000ドルあって最低返済額が200ドルだったら、借金指数は35になる。すべての借金について、この数字を計算してリストに書き込もう。

■第3段階　返済優先順位を決める

新しい表を作って、前の表の借金指数の低いものから順に並べ、借金の種類と借金指数、最低返済額を書き入れよう。この表の一番上に来たものが、まずあなたが返済する借金だ。

返済の優先順位を決めよう

優先順位	借金指数	借金先	月づきの最低返済額
1			
2			
3			
4			
5			
6			

借金総額

■第4段階　プラス200ドルで「最初の一押し」

この借金返済プランの鍵は、最低返済額のほかに、「最初の一押し」として、毎月200ドル余分に返すところにある。

1日にしたらほんの7ドルだが、この200ドルは借金返済プランの加速に大いに役立つ。「200ドルなんてとても無理だ！」などと悲鳴をあげないでほしい。これはやってみれば思ったよりずっと簡単だ。

ベースラインでわかった自分の経済状態をくわしく見てみると、お金がどこから入ってどこに出て行っているかがわかる。特に支出に注目していると、必ずどこかに、無理なく削れるものがあるはずだ。例えば、**外食回数の多い人はその回数を少し減らしてもいいし、タバコを吸っている人は本数を減らしたり、思い切って禁煙すれば健康にもいいから一石二鳥**だ。

それに、借金返済と同時に、ウェルス・サイクルも稼動させているわけだから、そちらから入ってくる新しい収入もあてにできる。こう考えると、最初の一押しのための200ドルを見つけるのはそうむずかしくないことがわかるだろう。

■第5段階　借金を支払う

最初の一押しの200ドルは、返済優先順位の一番高い借金の最低返済額にプラスして支払う。つまり、ほかの借金も含めてすべての借金に最低返済額を返しながら、リストの一番上の借金に対しては200ドル余分に払うようにする。そして、**それを返し終わったら、それまで返済優先順位の一番高かった借金に対して支払っていた「総額」（最低返済額と200ドルの合計）を、新たに優先順位の1位に上がってきた借金の最低返済額に上乗せして支払う。**

例えば、最初の借金の最低返済額が350ドルで、それに200ドルプラスして550ドルを返済していたとしたら、550ドルを次の借金の最低返済額にプラスして返し始める。そして、これと同じことを繰り返す。つまり、リストの下に行くにつれて返済額は雪だるま式に増えていく。最初の200ドルをひねり出す時にちょっと不満を感じた人も、このようにしてどんどん借金が減っていくのを目の当たりにすると、「借金中毒」から「返済中毒」に変わっていく。

思っていたよりずっと早く完済できる

このプランで肝心なのは、**最低返済額を必ず返すことと、「最初の一押し」を付け加えることだ。**「最初の一押し」の額は一定で、ずっと続けなければいけない。それから、ひとつ借金を返し終わったあとも、今までと同じ返済総額をほかの借金の返済にあてることが鍵だ。

そうすれば必ず、この方法はすばらしい効果をもたらす。その効果の速さに、きっとあなたもびっくりするだろう。

そして、リストの最後にあった、借金指数（利子の分は計算に入れずに、最低返済額を払い続けた時、完済するまでにかかる月数）が一番大きな借金を返済し始めた時には、予定よりもずっと早く返済できるようになっていることがわかる。

ひとりでやり続けるのはむずかしいと思ったら、あなたの資産形成チームの一員であるアドバイザーでもいいし、信頼できる友人でもいいから、誰かに一緒にプランの進行状況を定期的にチェックしてもらおう。そうすれば、あなたがくじけそうになっても、励みになる。

自分が借金をコントロールする

チャックが言った。

「**借金について考えるのを避けることで、ぼくは実際のところ、それを大きくしてしまっていたんですね。**でも、今はお金が貯まっていて、借金は減っている。自分の経済状態を自分でコントロールしているという感じがずっとしますし、考えないようにしていても常にそこにあった借金が、どんなに精神的重荷になっていたかよくわかります」

借金返済に積極的に取り組み、その額が減ってくると、ストレスも減っていくのがよくわかる。お金のこと、借金のこと、クレジットカードのことを心配する代わりに、ほかもっと大事なこと、例えばウェルス・サイクル・プロセスをさらに加速させることなどを考える余裕が生まれる。

チャックは続けた。

「借金にコントロールされるのではなくて、ぼくの方が借金をコントロールしているんです。今、ぼくは運転席に座っている。この席はもう誰にも明け渡しませんよ」

いよいよ資産作りの段階へ

チャックは借金の返済を続けると同時に、個人の財形口座にもお金を貯め始めたし、２つの会社の財形口座にもお金を入れることを忘れなかった。より多くの収入を手元に残しておくことができるようになったチャックは、いよいよ資産を築く段階に進む準備ができた。

資産をまったく持っていなかったチャックの場合、「資産の振り分け」で収入を増やすことはできなかったが、キャッシュ・マシンからの収入を使って「資産を獲得」することができた。家庭教師ビジネスを始めてから数カ月後、チャックは中西部に小さな不動産を買った。その後のチャックのプランは、２カ月ごとに１軒、家を買い、１年後に６軒の貸家を手に入れることとなった。

チャックは行動することによって思考の転換を行い、たとえ給料が低く借金を抱えていても、投資をして資産を築くことは可能だと気が付いた。また、自分が思っていた以上にお金が稼げることにも気が付いた。実際のところ、彼のキャッシュ・マシンへのアプローチは、彼自身が驚くほどすばらしく、その成功はチャックに自信を与え、ビジネスをさらに大きくしてウェルス・サイクルを加速させるのに役立った。

それまでチャックのまわりにいたのは、同じように低い給料で借金を抱える人ばかりだった。

完成！

資産を作りながら借金を完済する

チャック・ウォレスのウェルス・プラン

現状はどうなっている？

収入（税込）	資産
3,333ドル／月	7,000ドル 教員年金 5,000ドル 銀行預金 2,000ドル
支出	**負債**
4,000ドル／月	50,000ドル クレジットカード利用、そのほかの消費者ローン 30,000ドル 学費ローン残金 20,000ドル

子供が生まれたばかりで、なにかと支出がかさむ。

収入が少ないため、利子を払うので精一杯の状態。

持っているスキル
教えること、組織作り、情熱、リーダーシップ、コミュニケーション力

1年後、どうなっていたい？

- 投資用資産として50,000ドルを作る
- 1,000ドル／月のキャッシュフローを得る
- 借金返済プランを立てて、それを実行する
- キャッシュ・マシンを作るためのビジネスプランを立てる

こんなプランなら、目標を実現できる！

ここがポイント！
「５段階式借金返済プラン」で、借金に優先順位をつけて返済していく。

ここがポイント！
なじみのある分野で起業して、スピーディな収入増を図る。

ここがポイント！
借金完済を待たず、返済と同時に貯金を始める。

収入（税込）	資産
キャッシュ・マシン 家庭教師ビジネス 10,000ドル／月	借金返済プログラムに従って返済を進める 財形口座に投資用貯金を始める
不労所得 プラスのキャッシュフロー 200ドル／月	← 財形口座に貯めた6,000ドルで賃貸不動産を購入

ウェルス・サイクルを始動させることを決めた時、彼は自分の手本になってくれる相談相手を見つけ、必要な専門家を見つけるのを手伝ってもらった。そして、ウェルス・サイクル・プロセスを成功させるために必要なチームワークとリーダーシップに充分心を配るようになった。

まだ30歳で、自分が選んだ職業が将来的に自分に満足を与えてくれるかどうかわからないでいたチャックの前には、今、よりよい人生のための選択肢が並んでいる。

人によって、資産作りの順序は違う

2章と3章で紹介したレナード一家の話をしたあと、ほかの6つのケースについて簡単に説明すると、番組プロデューサーはこう言った。

「あなたがウェルス・サイクルのブロックを積むやり方を聞いていると、まるでゲームのようだわ」

「そうね、確かに、戦略を考えながらやるゲームによく似ているわね。**誰でもこの7個のブロックを組み合わせて、自分にぴったり合った資産形成の方法を見つけることができるのよ。**これはそれほどむずかしいことではないわ。ただ、適切なことを適切な時期にやる方法がわかればいいのよ」

「私はリックのタイプだと思うわ。大きな家には住んでいるけれど、ただそれだけ。それから、雇い主の放送局のストックオプションはたくさんもっているわ」
「確かにリックのタイプかもしれないわね」
「それから、私の妹は絶対ケリーだわ。会社はいくつか持っているけれど……それについて少し言ってあげなくちゃ。あんなにたくさんビジネスをやっていて、あんなに少ししかお金を稼いでいない人なんて、ほかにいないと思うわ。ジョーンズ夫婦みたいな人もたくさん知っているわ。近所の人はみんなそうかもしれない。それから、私の親友はチャックタイプね……」

あなた自身のプランに応用するために

これまでの例から、**その人のニーズや目的によって、「キャッシュ・マシン」「法人利用」「支出管理」「借金管理」「財形口座」「資産の振り分け」の６つのブロックの並べ方が違うことがよくわかったと思う。**

あなたも、あの番組プロデューサーと同じように、「私はあのタイプかもしれない」と思い当たるものが見つかったかもしれない。

どんなケースでもすべてのブロックが利用できるし、またそうしなければいけないが、その順序や重点の置き方が違う。

また、どんな場合でも、ウェルス・サイクル・プロセスが、「ギャップ分析」から始まることも忘れないほしい。

そして、最後に「チームワーク」「リーダーシップ」と「思考の転換」の3つのマインドがウェルス・サイクルを下から支える土台だ。このプロセスの成功はこの3つにかかっていると言っていいだろう。

次の章では、あなた自身の資産形成プランを立てる際の、最初の一歩であるギャップ分析についてもっと詳しく見てみよう。

第10章

家計の状態を表す数字「ベースライン」

細かく現状を見つめなさい！

本書で「ベースライン」と呼んでいるのは、具体的には、あなたの現在の家計の状態を表す数字のことだ。ギャップ分析の大きな部分を占める、大事な要素だ。この数字を用意するのは、私が小さい頃両親の農場でやらされた、広い豆畑の雑草取りに負けず劣らず、退屈で時間のかかる作業だ。でも、やるとやらぬでは将来の収穫に大きな影響を与える。あなた自身が大きく成長するために必要なこの作業をどんなふうにして進めていったらいいか、これから見ていこう。

レナード一家、リック、パトリシアなどの例からもわかるように、ベースラインの結果はあまりおもしろくないものかもしれない。でも、大事なのはあなたがどう思うかではない。事実は事実として受け止め、前に進もう。**ベースラインで一番大事なことは、自分の行きたいところに行き着くために、いま自分がどこにいるかを知ることだ。**

私が提唱するウェルス・サイクル・プロセスに従って資産形成をしてきた人たちは、プランの中でここが一番きついステップだと言う。現実を見せつけられてショックを受けることもあれば、少しばかり退屈でくたびれてしまうことがあるからだ。でも信じてほしい、努力する価値は充分にある。

その理由はまず、**これは一度きりの作業であり、ひとたびシステムが稼動を始めれば繰り返す必要はなくなるということだ。**第2の理由は、**この段階をクリアすれば、そのあと砂漠を抜け出して水のあるところまでたどりつくのはずっと楽だからだ。**

同じような考えの友達を集めて一緒に作業をやるというのもひとつの方法だ。これから先も情報を交換したり、励まし合う仲間ができるかもしれない。でも、自分ひとりでやるにしても、誰かと一緒にやるにしても、大事なのはいますぐ始めることだ。早く始めれば始めるほど早く終わるし、次の段階へと大きく飛躍することができるようになる。

あなたのベースラインを決めるのに大事なものが2つある。それは「お金に関する書類をまとめた引き出し」と「リアル・ファイナンシャル・ステートメント」、つまり「本当の」財務諸表だ。

お金に関する書類をまとめた引き出しを作る

私たちはみんな、銀行口座の明細書やクレジットカードの明細書、個人の領収書といった、「お金に関する書類」を持っている。でもたいていの人は、これらの書類を空箱に放り込んだままにしたり、紙袋に詰め込んだままにしたり、引き出しの中に入れたままにしている……運よくゴミ箱行きを逃れていればの話だが。

信じられないかもしれないが、この紙の山を片付けることが、あなたの人生を変えるきっかけになる。これはとても大切なことだ。適当にごまかしてはいけない。手を抜けば、その化けの皮はすぐにはがれる。さあ、腕まくりをしてとりかかろう。

最初に、個人的な会計と、ビジネスの会計とを区別することについて一言言っておきたい。これからは、この2つを一緒にしないようにしよう。ビジネスはビジネスとして運営し、個人の生活はそこから独立したものと考えよう。ウェルス・サイクル・プロセスに従って法人を作っていくと、この境界はさらにはっきりしてくるだろう。すでに会社を持っていたり、共稼ぎの世帯の場合は、それぞれについて個別にこの作業をしよう。

■ステップ1――お金に関する書類を全部探し出そう

感情的にならず、第三者的な目で処理しよう。それらの紙切れは過去を示すもので、それを分類することが自分の将来につながる大事なステップだと自分に言い聞かせよう。

■ステップ2——お金に関する書類を整理しよう

ステップ1で見つかった書類を目の前に広げ、次のようなカテゴリーに分類する——銀行口座の明細書、クレジットカードの明細書、各種領収書／現金支払い記録、ガスや電気、水道などの公共料金、固定電話や携帯電話、インターネット料金などの支払い記録、自宅の損害保険、生命保険、車両保険などの保険証書および保険料支払い記録、遺言書、年金に関する書類、大学などの教育資金に関する書類、投資ポートフォリオ、不動産に関する書類、生活の中の金銭の出入りに関するそのほかの書類。

■ステップ3——毎月の収入と支出がわかるようなファイルを作ろう

次のようなそれぞれの項目について個別のファイルを作成する。

銀行口座の明細書
勤労所得（賃金、給料）
株式や債券
保有不動産
法人、トラスト（信託財産）、そのほかの財産
クレジットカードの明細書

領収書、現金支払い記録
水道光熱費の請求書
電話の請求書（固定電話および携帯電話）
インターネット接続料金
保険関係
遺言書
年金関係
教育資金
その他

以上の項目のすべてについてファイルを作成するが、**個人の収支とビジネスの収支について、それぞれ別のファイルを作ることを忘れないように。** いまは何もビジネスをしていなくても、ウェルス・サイクル・プロセスを始めたら、いずれは何か始めることになる。

遺言書や信託財産、土地権利書、株式証券といった重要書類はコピーしておくといい。コピーをファイルしておき、原本は安全なところにしまっておこう。

■ステップ4――保管場所を記したリストを作ろう

健全な経済状態を保つためには記録をきちんとつけることが欠かせない。保険証券や銀行の通帳、委任状、税金関係の書類、投資の記録などの重要な書類や口座番号、その保管場所を記録したリストを作成しよう。これも、個人とビジネスでそれぞれ独立させて作る。

できあがったリストはコピーをとり、パートナーや信頼できる友人、家族、弁護士や会計士に渡しておくといい。また、自分の経済状態をコンピュータで管理することも、作業の効率化、正確さを保つ上で不可欠だ。収入や支出のアップデートが簡単にできるすばらしいソフトがたくさんある。

あなたの「本当の」財務諸表を作る

私は、財産を築きたいと思っている人はみんな、ビジネスの組織を構築、管理するのと同じように個人の家計を構築、管理すべきだと思う。だから、当然ながら、個人も財務諸表を持つべきだと思っている。

財務諸表は主に2つの会計記録からなる。そのひとつである「損益計算書」は、収入と支出、そしてその差額である損益の状態を教えてくれる。もうひとつの「貸借対照表」は真ん中で左右に割れた表で、左側に「資産」、右側に「負債＋自己資本」が入る。資産の合計と、負債＋

自己資本の合計は常に等しい。

ギャップ分析のベースラインに必要な情報は、以下の4つから得ることができる。

ギャップ分析のベースラインに必要な4つの情報

①収入

勤労所得や不労所得の合計額。これはあなたの最終的な所得より大きな額になる。あなたの活動から得られるすべての現金を含んでおり、経費、税金、ローン利子、減価償却などが差し引かれる前の数字だからだ。収入（この場合は総収入）は所得と同じものではない。「総収入」とは入ってくるすべてのお金を意味している。「所得」は、収入を得るために生じた費用を差し引いたのちに残ったすべてのお金を意味している。

②支出

これは出て行くすべてのお金、つまり「総支出」を意味している。生活やビジネスを維持するために実際に支払うお金、つまりあなたのポケットから出ていくお金だ。「費用」と混同してはいけない。費用は、減価償却など、実際にお金が出ていくわけではない会計上の控除を含む用語だ。

③資産
あなたが保有しているものすべて。
④負債
あなたが借りているものすべて。

財務諸表も、個人とビジネスのそれぞれについて作成しよう。共働きで収入を得ている人は、総収入と総支出の欄にそれぞれの収入と支出を記入しよう。

ビジネス用の銀行口座をまだ持っていない人は、口座を作ろう。会社や団体の銀行口座を開くには、個人の場合とは異なる手続きが必要なことが多いので、地元の銀行に問い合わせるといい。自分にはむずかしすぎる、あるいは面倒だと思う人は、いますぐには手をつけず、会計士やアドバイザー、相談相手となってくれる人が見つかり、ビジネスを立ち上げるのを手伝ってもらえるようになってからでもいい。ただし、たとえ法人組織になっていない場合でも、ビジネスの「財務諸表」は個人とは独立したものをいますぐ作ろう。

■損益計算書を作る——収入と支出の差を知る

損益計算書として「収入」と「支出」の2つの欄を作り、入ってくる現金、つまりあなたの総収入を「収入」として、出て行く現金、つまりあなたの総支出を「支出」の欄に記入しよう。これはギャップ分析の最初の2つの質問、「毎月の収入はいくらか？」と「毎月の支出はいくらか？」という質問に対する答えだ。

このとき気をつけなくてはいけないのは以下のポイントだ。

- **勤労所得と不労所得のすべての所得を入れよう。**また、つい最近買ったアクセサリーやパン屋で毎日買うサンドイッチなども含め、あなたのすべての支出を記入しよう。

- **詳しく記入しよう。**迷った場合は放っておいてはいけない。

- **基本的には過去1カ月のデータをもとに記入するが、収入や所得が安定していない人は90日間の平均を記入しよう。**激しく変動する人の場合は6カ月の平均をとるといい。

- **総支出の欄には、税金とその他に関連する費用も月割りにして入れよう。**

ビジネスと個人の財務諸表をうまく分けられないという人は、次の項目はビジネスの経費にできる場合があるので、参考にしてほしい。

- オフィスの賃貸料、自宅でオフィスとして使っている部分の賃貸料の控除
- 公共料金、電話、自動車のビジネス使用分の控除

・交際費
・食費
・保険料
・オフィスの備品費
・コンピュータ機器代
・教育費
・会計士、税理士、弁護士費用
・贈答品費
・外注、雇用にかかる費用
・旅費
・ガソリン代
・給与（ビジネスを手伝っている家族に対する給与も含む）

総収入と総支出をすべて書き出したら、合計を差し引きして損益がどれくらいになるか計算しよう。

■貸借対照表を作る――資産が多いか、負債が多いかを知る

賃借対照表の左右の欄を成す「資産」と「負債」の欄は、ギャップ分析の質問3と質問4、「どんな資産を持っているか?」と「どんな負債があるか?」という質問に対する答えを書き込む欄だ。これによって、あなたの純資産の額と、お金に関する習慣や傾向がわかる。ここでも、ビジネスの数字と個人の数字は別々にするので、資産と負債を適切なところに振り分けるように気をつけよう。

資産（あなたが持っているものであなたにとって価値のあるもの）を左側の「資産」の欄に、そして負債（銀行、クレジットカード会社、個人などから借りているお金）を右側の「負債」の欄に記入してみよう。

普通の貸借対照表は、総資産から負債をひいたものを自己資本とするが、ここではそれを「純資産」とする。純資産がゼロやマイナスになる人もいるかもしれないが、ウェルス・サイクル・プロセスを始動させれば、その状況はきっと変わっていく。

自分の財務諸表を作ると、資産作りのステップが見えてくる

これらの4つの欄の記入を終えたら、ギャップ分析の質問5に移り、次のように自分に聞こう。

「ほかに見落としているものはないか?」

個人年金口座に入っているお金や、誰かからの少額の借金も忘れないようにしよう。ギャップ分析の質問1から質問5に答え、「本当の」財務諸表と同じ数字をベースラインとして記入したら、ウェルス・サイクル・プロセスの第2ステップとなる6つのブロックをどのような順序で並べたらいいか、わかってくる人もいるだろう。

例えば、「お金を充分に稼いでいない、そして稼いだお金の大部分を税金にとられている」ということがベースラインからわかったら、もしかしたら、キャッシュ・マシン、法人利用、支出管理、財形口座、資産振分、借金管理という順番にするといいかもしれない。あるいは、とてもたくさん借金があることがわかったら、財形口座、借金管理、キャッシュ・マシン、法人利用、支出管理、資産振分という順番にする必要があるかもしれない。

ベースラインを把握していく現状分析はとても大事だ。その作業は大変だし、感情的につらい場合もある。でも、一度これをやってしまえば、そのあと最新のものにしていくのは、ずっと楽だ。それは自分自身でやってもいいし、簿記や経理の専門家の手を借りてもいい。このステップが終われば、資産形成のための航海にあなたは順調に乗り出したことになる。

第11章

フリーダム・デーを宣言する！
お金の心配から解放される日

ギャップ分析の質問6は、「どんなふうになりたいか？」だ。**億万長者（ミリオネア）になるための最初の一歩は、ビジョン、つまり将来の夢を持ち、それをはっきりしたものにすることだ。**

ビジョンというのは「目標」や「目的」よりも大きい。例えば、借金から抜け出すというのは「目的」だ。新車を買うとか、子供の大学進学費用を貯めることが「目標」になる場合もある。ビジョンは、そのような目標や目的をすべて含む、もっと大きな未来像だ。

ビジョンにはそれをサポートする戦略と、その戦略を実行するための戦術がともなう。ビジョンの意味を正しく理解し、実現を心から望むことが大事だ。

新車が1台ほしいのか、億万長者になりたいのか

「旅のよさは目的地に到達することではなく、旅することそのものにある」とよく言われるが、私もこの意見に賛成だ。資産形成のためのこの旅も、心を決めて第一歩を踏み出したら、これから先ずっとこの旅を続けたいと思うようになるだろう。

でも、それと同時に、**目的地がはっきり決まっていて、そこを目指して旅をすれば、さらにすばらしい見返りがあるというのも確かだ。**自分のビジョンをはっきりさせるのはあなたの仕事だ。はっきりさせれば、このプロセスに自分が投入しようとしている時間や努力にどんな価値があるかわかるだろう。

新しい車を買いたいというだけの人にとっては、この本の内容は重たすぎるかもしれない。それに、もしかしたら、あなたが行きたいと思っている方向と別の方向にあなたを導く結果になるかもしれない。

だから、自分が生きたいと思っている方向をぜひしっかりと見極めて、この本が役に立つかどうか判断してほしい。

ビジョンには、やる気を維持するための3つの要素が必要だ。①やる気をどんどん起こさせるほどエキサイティングで、②それでいて充分に実行可能性を持ち、③自分の価値観に見合っ

たもの。つまり、あなたの究極の願い事のリスト――もしかしたら、それは子供の頃にあきらめた夢かもしれない――と、あなたの今の現実の生活との間で、ちょうどうまくバランスのとれるものがいい。

ビジョンを描く時は、「すべてが可能」と考え、何の制限も加えないようにしよう。「もし絶対に失敗しないとしたら、自分の人生はどんなふうになっているだろうか？」と考えるといい。そうすれば、ビジョンは大きく広がる。私たちには経済的自由を手に入れる能力がある。

具体的な数字を目標に定めなさい！

ビジョンがこれほど大事な理由は、明確なビジョンのない人は舵のない船のようなものだからだ。最終目的地を定めないまま、あてもなく航海している。水平線に現れたチャンスに向かって船を走らせてみることもあるかもしれないが、途中でまた航路からはずれて、決してチャンスにたどり着くことはできない。

ビジョンは概念やアイデアなので、そこにたどり着くための戦略的なプランを描くためには、具体的な目的、例えば数字で表すことのできる目的を設けて、そのビジョンを明確なものにする必要がある。これまでに紹介したさまざまな例からわかるように、フリーダム・デーを宣言できるようにするためには、まず次のようなことを決定しなければならない。

①毎月いくらのキャッシュフローを受け取る必要があるか？
②純資産はいくらほしいか？
③以上のことをいつまでに実現したいか？（具体的な年月日）

具体的な数字を考え始めたら、ちょっと憂鬱になってきた……という人もいるだろう。50歳の誕生日までに、純資産３００万ドル、毎月のキャッシュフローを3万ドルにしたいと言うことは簡単だ。だが、それを目標にして努力することを自分に誓い、それから、いま自分がどこにいるかをながめてみると、なかなか厳しい現実が見えてくる。

そのギャップにびっくりして、どんなにそれを望んでいても、ビジョンごとあきらめてしまう人も出てくるだろう。しかし、きちんと計画を立てて歩き始めれば、途中にある小さな目標のひとつひとつが、実行可能であることがきっとわかる。

■大まかな理想の姿を描こう

最初の一歩は、お金に関する全体的な目標を書き出すことだ。例えば、自分のビジネスを始めるとか、贅沢な暮らしをする、慈善団体を作る、子供を大学や大学院に入れるといったことだ。これは、簡単なスケッチのようなもので、これからもっと細かいことを書き込んでいく。

■お金がいくら必要になるか考えよう

第2のステップは、その目標を実現可能なものにするために、正確にはいくらお金が必要か考えることだ。まず、大きな目的とだいたいの数字を書いてみよう。例えば、ほしい純資産1000万ドル以上、年間のキャッシュフロー200万ドル、サンフランシスコとパリに自宅を持ち、子供をサマーキャンプに行かせる、慈善事業に毎年少なくとも50万ドルの寄付をする……といった感じだ。

■具体的な目標を立て、優先順位をつけよう

次に、具体的な目標を書き出し、優先順位をつけていく。その際には、次のようなことを考慮しよう。

①目標の重要度
②目標を達成したいと思っている期日
③目標達成に必要だと思われるお金の額

■毎月いくらの投資が必要か予測しよう

その次のステップは、お金に関する目標に到達するために、毎月いくら投資しなければなら

ないかを予測することだ。この段階では、借金返済などほかの負担を考慮に入れる必要はない。ここでは、ビジョン、つまり、あなたがどこに行きたいと思っているかに焦点を絞ろう。

例えば、あなたの目標のひとつが子供を大学にやることで、授業料や書籍代もすべて払ってやり、家賃や衣服代、食費、車、自動車保険や娯楽費として毎月決まった額を仕送りしてやりたいと思っているとしよう。この目標を達成するために毎月どれだけ投資する必要があるかを決めるには、次のような変数を決定しなければならない。

時間：目標を達成するのにかける時間。例えば15年間。

総費用：目標の推定費用。例えば15万ドル。

利率：いま投資する現金に対して得られる毎月の利息。例えば6パーセント。

毎月いくら投資する必要があるかを知るには、目標の総費用に「乗数」をかければよい。この乗数は、目標に到達するための年数と利率（この例では15年と6パーセント）によって決まる。銀行や金融情報のウェブサイトに行ったり、表計算ソフトや会計ソフトを使うとこの数字を求めるための表があったりするので、計算式がわかる。

15年で6パーセントのこの例の場合、乗数は0・0034だ。従って毎月の投資額は、次のようになる。

お金の心配から解放される日を自分で決めよう

①大まかに理想の姿を描こう

②お金がいくら必要になるか考えよう

ドル

③具体的な目標を立て、優先順位をつけよう

目標1

いつまでに達成？

いくらが必要？

目標2

いつまでに達成？

いくらが必要？

目標3

いつまでに達成？

いくらが必要？

④いくらの投資が必要か予測しよう

目標1	目標2	目標3
利率	利率	利率
%	%	%
毎月の投資額	毎月の投資額	毎月の投資額
ドル	ドル	ドル

15万ドル×0・00034=510ドル

さあ！　あとは歩き始めるだけだ

これで、お金に関する目標とその優先順位が決まり、それらの目標を達成するために毎月いくら投資しなければいけないかわかった。あなたにはきっとそれができる。請け合ってもいい。私たちと一緒に歩き始めよう。そうすれば目的地に到達し、私の言葉が正しかったことがわかるだろう。

第12章 チームで億万長者になる！

チームワークとリーダーシップ

それぞれのケーススタディで見たように、「チームワーク」「リーダーシップ」「思考の転換」の3つのマインドがウェルス・サイクル・プロセスを支え、後押しする。

自分ひとりの力で億万長者になった人などいない。相談相手、融資者、現場をよく知ったフィールド・パートナー、同僚たちといった仲間抜きでは無理だ。億万長者を作り出すこのチームは、資産を生み出すために協力して働く。

チームとして働く場合、あなたは自分がどのような立場にあるか、いつその役割を発揮するか、常に注意していなければいけない。**あなたの資産を築くプロセスにおいて、リーダーはあなただ。誰かほかの人があなたに指図したり、あなたに代わってリーダーシップをとったりするのではだめだ。**すべての決断はあなたの責任のもとで行うようにしなくてはいけない。

ただし、最終的な責任が自分にあるのだということを承知の上で、他人のアドバイスを聞いたり他人の提案を受け入れるのはいい。良いリーダーは他人についていくことも上手だ。なぜなら、自分がどこに行こうとしているのか知っていて、そこにたどり着くのを手助けしてくれる良きリーダーを探すことができるからだ。

あなたがリーダーとなって、あなた自身の成功を目指して一緒に歩いていけるような、優秀なチームを作ることが大事だ。

現実的に言って、複雑でテンポの速い今の世界においては、たとえそうしたいと思っても、自分ですべてをうまくこなす時間と能力を持った人はほとんどいない。私たちの多くはフルタイムの別の仕事を持っているし、すべての時間を資産運用のための活動に費やすわけにはいかない。大きなビジョンの持てる人、取引をまとめるのが得意な人、粘り強い交渉に強い人、人をまとめるのがうまい人……そういう人でも、それと同時に、頭の回る税金の専門家、法律の天才、会社経営者であるとはかぎらない。

「メンター」（良き師）を見つける

相談相手と同時に、手本となってくれるメンター（良き師）を得ることは、資産を築くためにとても大事な最初のステップだ。もし今、先に進めないことにじれったさを感じていたり、サポートするより人の足ばかりを引っ張る人たちの中で行き詰まっていたら、ぜひすぐにメンターを探し始めよう。

メンターが簡単に見つかる人もいるだろうが、中にはなかなか見つからない人もいるだろう。すぐ手近なところに自分が目指すすばらしい人がいないなら、少し遠くへ出かけて探さなければいけない。次に、メンターを探す方法、その際に注意すべきことなどをいくつか挙げるので参考にしてほしい。

■自分の大きな夢を伝えよう

自分のビジョンを他人に話し、それを分かち合うだけで、先に進むきっかけができることもある。自分の夢を誰かに語る、あるいはもっと大きな夢を持ちたいという願望を誰かに話しただけで、その人がアドバイスをくれたり、アドバイスを与えることのできるほかの人を紹介してくれたりといったことが起こる可能性がある。そして、それをきっかけにして、夢を実現するためのより大きなネットワークを築くことができるかもしれない。

■コネを隅々まで使おう

よくよく考えよう。あなたが育った町の知り合い、学校時代の友だち、あるいは友だちの友だちなど、役に立ってくれそうな人はいないか、徹底的にチェックしよう。可能性がありそうな人が見つかったら、今すぐその人に電話をしよう。最悪の場合でも、電話をくれてありがとうと言われて、首を横に振られるだけだ。

■本来の目的を忘れないようにしよう

あなたのおじさんのジョーは、世界で一番賢くて優しい人ではあるかもしれないが、最低でも100万ドル持っていなければ、あなたが資産を築くためのメンターにはなれない。あなたが今作ろうとしているチームは、資産を築くという目的を持ったチームだ。**金持ちで、親切という美徳を持っている人は必ずいる。**そういう人を探すといい。

■大切なものこそ見えないことがある

本当に大切なものは、一見してはわからないことが多い。自分できちんと調べよう。良い車に乗って大邸宅に住んでいる人が実は大きな借金を抱えていて、おんぼろのトラックに乗り、釣りに行く合間にしか働いていないように見える人が案外金持ちだといったことはよくある。

■言葉を尽くして根気強く、ただし、しつこくてはいけない

メンターとなってほしいと思う金持ちを何とか見つけたら、**「あなたにコーチしてもらえるなら、そのために必要なことは必ずやります」という姿勢を行動で示す必要がある。**私もこれまでいろいろな業界にメンターを見つけてきたが、どの場合も、同じようにしてきた。

ある時、全国的に有名な講演者の事務所に電話をして一緒に仕事をしたいと申し出た。やっと本人に電話が通じると、彼は私に書類を送るように言ってきた。私は電話を切るとすぐに手紙を書いて投函し、一時間後にまた電話をかけ、「終わりました、次は何をどうしたらいいですか?」と聞いた。彼はため息をつき、本当に何かしたいのなら飛行機に乗って話をしに来てくれと言った。私はその通りにした。結局、その後数年間一緒に仕事をし、彼のビジネスと名声を築き上げる手伝いをした。

たいていの人は言葉ばかりで、行動しない。もしあなたがビジョンを持っているなら、あなたはその実現のために自分で動かなければいけない。まずは、メンターを探し始めよう。

■マニュアル通りのアドバイスは不要

最近テレビの金融関係の「インフォマーシャル」などで、「コーチがお待ちしています。お電話ください」といった宣伝がよく見られる。私の知る限りでは、このような「コーチ」はテレフォンセンターに腰をかけて、よくある質問をリストアップしたマニュアルに従って答えることが多いようだ。このようなやり方は絶対におかしい。**あなたに必要なのは、あなた個人のニーズや望み、状況に応じたアドバイスをしてくれる人だ。**

■チームを集める手伝いをしてもらう

メンターはあなたのチームの最初のメンバーになるかもしれない。あなたは知識も経験もあまりない状態でチームを作り始めるわけだから、その後のメンバー選びにも苦労するかもしれない。1人または複数のメンターの助けを借りて、適切な人々を見つけよう。例えば、メンターはある程度の金持ちであるはずだから、良い会計士を知っているに違いない。その会計士本人があなたを助けてくれるかもしれないし、あるいはほかの人を紹介してくれるかもしれない。

良いチームを作るには専門家も必要

良いチームには次のようなプレーヤーがいなくてはならない。

①コーチとなってくれるメンター
②同じ志を持ち、資産形成プランやビジョンの実現をサポートしてくれる人
③業界専門あるいは特定の業務を専門とする法律顧問
④会計士
⑤最新情報に詳しい金融の専門家

そのほかに、フランチャイズやライセンス売買などの情報を探してくれるビジネスブローカー、不動産投資関係の業者、そのほかの投資のチャンスを見つけられる人なども含まれていればなおいい。

自分でビジネスを所有、運営している場合は、マーケティング、宣伝広告、会計、経営、流通などに詳しい人もほしい。

そして、もちろん、どんなチームにも、組織内でさまざまな機能を果たす、次のような実用的プレーヤーたちが必要だ。

①管理者
②管理補佐
③帳簿係
④グラフィックデザイナー
⑤ライター
⑥金融アナリスト
⑦業務マネージャー
⑧コンピュータのサポート要員
⑨技術顧問

⑩営業マン
⑪マーケティングのプロ

あなたが自分の資産運用、健康、そして家族のためにもっと多くの時間をかけられるように、サポートしてくれるチームをできるだけ早く探し始めよう。あなたのビジョンに賛同してくれるチームを作ったら、そのビジョンを実現するために行動を始めよう。**チームには行動がなくてはならない。ただ話をしたり、分析ばかりして先に進めないでいるのではだめだ。それだけだと、あなたは賢くはなるだろうが、裕福にはならない。**

■お金がかかっても優秀な人材を集めなさい

まず大事なのは、現場で活躍するプレーヤーを見つけることだ。あなたが尊敬する人、信頼する人から、一緒に働いたことのある人で推薦できる人はいないか聞き、その人たちに連絡を取るのもひとつの方法だ。あなたの知っている人の中で一番金持ちで、一番成功していて、一番強力なコネを持っている人に話を聞こう。

最高の人材をチームに入れるときに問題なのは、第一にとっかかりを作ること、次に彼らに支払うだけのお金があるかどうかだ。でも、その資金をひねりだすのにあなたの時間と努力を費やす価値は充分ある。

私が思うに、費用もかからずお手軽な人材は、長い目で見るととても高くつくことが多い。金持ちや資産形成のプロは、時は金なりということをよく知っていて、回り道をせずに目的地に突き進む。そのためのコツや、どこへ行ったらよいかなどを学ぶのに何年も費やしてきているから、たいていは一番の近道を知っている。電話一本で、ほかの人が何カ月もせっせと働いて生み出すもの以上を生み出すことができる。

それに、一流の専門家はたいてい、業界の中枢に近いところにいるから、最新情報、最高の取引のそばにいるし、今何が注目されているのか、チャンスをつかむためには何が必要なのかを知っている。

すぐれたプレーヤーとチームを組んでプレーをすれば、あなたはたくさんの時間とお金を節約でき、イライラからも解放される。才能ある人たちはまた、ほかの優秀な人たちをあなたに紹介してくれる。そのおかげで、自分だけの力では開かなかった扉が開くこともある。優秀な人は優秀な人を知っていて、押し上げる手伝いをしてくれる。すばらしいチームを作り、最高の人たちと働いていると、あなたのやる気も刺激され、もっと成長したいと思わずにいられなくなるだろう。

ご存知の通り、たいていのことはわざわざ一からやり直す必要はない。あなたが成し遂げたいと望んでいるものが何であれ、恐らくはさまざま形で、その一部はすでにできあがっている。

賢くなりたいからと独力でやってよけいな手間や時間をかけるより、あなたのビジョンに近い

ものをすでに成し遂げている人を時間をかけて探して、アドバイスをもらった方がいい。経験と知識は、コネとネットワークと同じようにとても大事だ。すでに経験と知識を持ち、成功している人たちの手を借りて、自分の成長のための時間と手間を節約しよう。

■自分がどう動くべきか心得ている人を探しなさい

あなたのチームには、リーダーとなれる人ばかりを集めるといい。これは、シェフばかりで野菜を刻む人のいないチームを作るという意味ではない。チームとプレーヤー自身の利益のために、自分の立場でどのようにプレーしたらいいか心得ている、しっかりした個性の持ち主でチームを構成するという意味だ。

あなたの役割は資産形成チームのメンバーの管理ではなく、リーダーとして引っ張っていくことだ。だから、**メンバーにはきちんと自己管理ができる人を選ぼう。もしあなたがメンバーを細かく管理しなくてはならなかったら、ビジョンを実現するどころか、貴重な時間を無駄にするだけだ。**

チームのプレーヤー全員があなたのビジョンに心から賛同し、自分からやる気を出して、あなたと一緒にそれを追い求めるというのが理想だ。そして、彼らに取引に参加するチャンスを与えたり、彼らの助力に対し充分な支払いをしていれば、彼らはできるかぎりあなたの役に立ってあげようと思うようになるだろう。

万が一、チームの誰かがあなたのビジョンを否定するようなことがあったら、チームから外そう。私もそうしている。もっと適切な人と代わってもらう。目的地が違う人を同じ船上に乗せておくのは、あなたにとってもほかのメンバーにとっても時間の無駄だ。

仕事ごとに責任者を決めると能率が上がる

チームで働く時には、責任の所在を明らかにする必要がある。どんな行動でも、その結果が目に見える形になっていると能率が上がる。資産形成チームにあなたがやってもらう作業、プロジェクトは、すべてその経過記録を残すこと。覚えておこう。能率的であればあるほど、みんなの時間をよりうまく利用することができる。そしてそれはあなたのお金を節約することにつながる。

能率を上げるためには、次のことを決めるといい――**①仕上げるべき仕事の内容　②仕上げるべき時間あるいは日付　③仕上げるべき人　④その仕上がりをチェックし責任を持つ人。**この④が責任の所在を明らかにすることにあたる。あなたの目標の実現をサポートし、チームをきちんと軌道に乗せておくためには、責任者を決めることが必要だ。責任者は、すべてが計画通りに進行しているか、確かめる手伝いもしてくれる。それと同時に、必要ならば、その進行を手伝ってくれる。

責任者は文句をつけるのではなく、サポートする人だ。誰かを責めるためにいるのではない。いわば内部チェック機関で、チームのプレーヤーが脱線しないように常に気を配る。

資産形成に必要なリーダーシップとは？

次に、資産をうまく築くために必要なリーダーの資質を3つ挙げる。

■直感——ふつうでは聞こえない「物音」に耳をすます

直感は私たちが生まれ持ったリーダーシップの資質のひとつでありながら、年を重ねるにつれ、どういうわけか失ってしまうものだ。**効率的な資産形成を成功させるためには、この直感を取り戻さなければならない。**

「こうしたらいい」と見当はついていて、本能でそのことを感じていながら、自分の確信を口に出す勇気がないという状況はよくある。その場の空気から直感的に、「こうすれば取引が成功する」、あるいは「こうしたら失敗する」と感じた時、私は直感で「そう聞こえた」と思うことにしている。

実際のところ、直感は高レベルの聴力と言ってもいい。相手の話を聞く時の聴力のレベルをはるかに超えたレベルの聴力だ。その場で交わされているすべての会話、すべての物音、すべての出来事の状態、動きに手をかざし、そこから感じる力と言ってもいい。

すぐれたリーダーは目の前の数字や報告書を読み、できるかぎりの「物音」に耳をすまし、直感を研ぎすまして決定を下す。直感を使う技術は潜在意識の中にあるが、自覚して繰り返し使うことによって上達させることができる。

■自己管理——適切なことを適切なタイミングで着手する

逆のことを言う人もいるが、物事を成し遂げるのに時間の管理はそれほど重要ではないと私は思う。本書で繰り返し言っているように、良いことを良いタイミングでやることが大事だ。これが時間をもっともうまく使うことにつながる。そのタイミングを見極めるためには、次のポイントを頭に入れておこう。

・すべきことの順序を考える

どんなことをいつしたらいいかを判断する能力は、リーダーにとって一番大事な資質だと言っていい。プロセスの途中で混乱してしまったり、細かいことにとらわれすぎて先に進めなくなったり、ビジョンばかり膨らませて足が地に着かなくなってしまう人は多い。もちろん、リーダーも時には混乱状態に陥ることがある。だからこそ、すばらしいリーダーにはすばらしい助言者や指導者が必要なのだ。

・スケジュールを立てる

目標に到達するためには、妥協を許さないスケジュールが必要だ。私は120日単位で目標を設けて仕事をする——つまり、目標を立てた次の日には残り119日となる。これはとても効果のある方法なので、ぜひ試してみてほしい。

・充分な見返りがあるか考える

リーダーは、あるアイデア、あるいは目的に到達するまでの作業のひとつひとつが、本当に役に立つものなのかを見極めなくてはならない。アイデアは簡単に出せるが、それを実現させるためには多くの努力が必要だ。最後に見返りがなければ努力する価値はない。

・ひとつの結果を次に引きずらない

私たちは、ある場所で起きたことをほかの状況にまで引きずる傾向がある。あなたにも心当たりがあるのではないだろうか？　午前9時からの会議であなたは良いアイデアを聞いて興奮したり、いやな話を聞いて怒ったりする。その会議が終わって、次の11時の会議が始まった時、前の会議の時の心の動揺がまだ続いていて、あなたは最初の15分、そのことに気をとられていたり、その場で会った人にその話をしたりしてしまう。何をするにせよ、前の状況で起こったことが尾を引いて、次の状況から貴重な時間を奪ったことになる。これは、能率的、生産的なやり方ではない。

■予測能力――最前線を歩き、人より一歩先を行く

リーダーシップに不可欠なもうひとつの資質は、未来を予見する能力だ。つまり、起こったことに反応するのではなく、自ら行動を起こすことが求められる。リーダーは最前線にいなくてはいけない。あとから追いかけるのではだめだ。常に先を予測して行動していないといけない。だから、リーダーには「不意打ち」はない。

リーダーとして、現在と未来の可能性の両方を見ることがあなたの責任だ。特定の分野で投資しているとしたら、あなたはその業界のトレンドを見極めて、チームをその方向に導かなければいけない。

例えばある地域の不動産を買っていたら、その地域の将来像を知っていなければいけない。また、もし自分で会社を経営していたり、他人の会社に投資しているのなら、将来の市場での競合や成長の見通しを知っているべきだ。

リーダーシップをとりながら他人の力を借りる

あなたとまったく同じようにできる人はいない。でも、これほどにもたくさんのことが起きている現在、あなたであれ、誰であれ、ひとりの力ですべてをやることはできない。すぐれたリーダーは、自分のビジョンを実現させるために他人のエネルギーと労力を借りる。

ウェルス・サイクル・プロセスでは、あなたが先頭に立って富を築く必要がある。自分の頭の中にそうすることを拒んでいる部分はないか、確認しよう。否定的な気持ちがあったら、もしかしたらあなたには思考の転換が必要かもしれない。

第13章

思考を転換しなさい！

自分との新しい会話

ウェルス・サイクル・プロセスを始めると、自分の行動がある一定の思考にとらわれ、制限を加えられていることに気付く。頭の中で自分とこんな会話をしたことはないだろうか。

「私は裕福になる」

あなたの意識がそう言うと、無意識がこう応じる。

「あなたが？　そんなはずはないでしょう」

以前の私の頭はこんなふうだった。

信念は2つのレベルに分かれている。理性的に働く意識レベルとあらかじめ条件づけられた無意識レベルだ。後者の、**無意識のうちに刻み込まれた枠組みが、思考に制限を加えてしまう。でも本来、大きなビジョンを膨らませる潜在的能力や才能に、制限はない。**ぜひ、自分自身の思考の枠組みに妨げられることのないビジョンを描いてほしい。

行動することで「余計な思い込み」を外す

あなたの今の経済状態は、これまでの信念に基づいてあなたが作り上げてきたものだ。そうした経済状態を変えるには、あなたの脳を新しい思考体系へとプログラムし直さなくてはならない。

あなたが今のようなあなたになるまでには、何年もの「条件付け」が必要だった。条件付けは、学校で講義を聞いたり、練習問題を解いたりすることによってなされたわけではない。条件付けは行動と実践によるものだ。だから、行動があなたの脳を大きく変える。

ウェルス・サイクル・プロセスでは、まず、「自分はこうでありたい」という望みに従って行動し、脳には後で追いついてもらうというアプローチをとる。「思考から行動を導く」のではなく、「脳に行動から学ばせる」のだ。

親から受け継いだ、お金に関する「思い込み」

多くのこと——例えば、人間関係、食べ物、健康など——に関する私たちの「ものの見方」もそうだが、**私たちが正しいと信じる「考え方」も、両親や先生、そのほかのまわりの大人た**

ちからゆずり受けたものだ。そして、その大人たちは、またその上の世代の人間からそれを受け継いだ……というように、この連鎖は遠く昔にまでさかのぼる。こうして私たちに植え付けられた信念は、普通、無意識の中に深くしみ込んでいるから、その思考の輪は途切れることはない――誰かがそれを壊すまでは。

あなたはその輪を断ち切ることができる。お金に関して人々が正しいと信じている考え方はさまざまだが、そのうちよく聞かれるものを次に挙げてみよう。

■お金は不足している

読者の中には、大恐慌を生き抜いてきた両親や祖父母を持っている人もいるだろう。あの時代を生きた世代はすべて、欠乏思想を植え付けられた。彼らは、「お金は不足しているから、見つけたら消費するのは控えるべきで貯蓄するのがいい」という考えを子供たちに伝えた。「一銭の節約は一銭の儲け」「貯金には手をつけるな」「それを買う余裕はない」――そんな言葉が頭をよぎったことがある人は、欠乏思想に裏付けられた考え方を持っていて、「まさかの時に備えておかなくては」といつも心配している。「お金は木にはならない」。このような脅しは、お金との関係を恐怖に満ちたものにする。

■お金は悪の根源だ、汚い、有害だ

古い世代の人の中にはお金を悪の根源だと考える人がいる。その人たちは競争社会の欠点やお金を求めることに伴うマイナス面、ありあまるほどのお金を持つ人の横柄さや節制のなさしか見たことがなかったのだ。金持ちは悪人だと信じている人さえいる。金儲けをする人は心の曲がった人間だという考えを強調するような小説や映画も多い。私欲のない正直者が最後には勝つという教えは、お金に対する無関心を奨励する。

■お金は給料として得るものだ

生計を立てる最も一般的な方法は、会社員になるか、専門技術を持った自営業者となって、週給あるいは年棒制で給料を得ることだ。確かに歴史的に見ればこれは、安全で確実な方法だった。でもリスクが少ない代わりに、見返りの量も少ない。どんなに高給であっても。給料には制限がある。稼ぐ額の桁が違うごく少数の例外は別として、平均的な会社の平均的なＣＥＯの昇給額は知れたものだ。「ゆっくりと着実に進む者が、最終的に競争に勝つ」と教える寓話は、お金に対して慎重すぎる関係を作り出す。

■お金は私には無縁だ

私はお金には縁がない。金持ちになるのは限られた人で、私にそんなことができるはずがない。そんなふうに感じている人もいるかもしれないが、実際のところ、**資産を作ったり経済的自由を手に入れることは、誰にでもできる。裕福になることは私たちの権利だと言ってもいい。**誰もが自分の場所を確保し、それを楽しんでいい。お金を儲けたとしても、ほかの誰かから奪っていることにはならない。銀行強盗をするわけではないのだから。お金を儲ければ、それを社会に還元するチャンスも手に入る。それはあなたの義務だ。「私よりほかの人の方がふさわしい」。そんなふうに考えていると、お金に関して最初から負けを認めることになる。

■お金のことは男性がやるものだ

確かに、男性が一家のお金を稼ぐという時代はあった。さほど昔のことではないので、読者の中にもそのような思い込みのもとで育ってきた人もいるだろう。男性は女性よりもたくさんのお金を持ち歩くとか、投資する人が女性より多いといった傾向は確かにあるかもしれないが、その背後にある理由は遺伝的なものではない。それは何年にもわたる条件付けによって作り上げられたものにすぎない。**女性も男性も、お金と性別とは何も関係がないことを知る必要がある。**「生活費は彼に稼いでもらおう」。そんな考え方が、お金に対する無関心を生み出す。

■お金は癒しになる

今、私たちは大量消費文化の中に生きている。そして多くの人が、人生の中の満たされない穴を埋めるのにお金を使っている。一方、親がいつもすべてを支払ってくれることに慣れ切ってしまい、自分が持っているものについて無関心になっている人もいる。これは非生産的な悪循環だ。いずれにしても、家には物があふれ、古くなったと言っては新しいものを買い続ける。お金で物を買うのが悪いと言っているわけではない。お金に買えるものですばらしいものもたくさんある。それに、何と言ってもお金は楽しみであるべきだ。しかし食べ過ぎと一緒で、本当に必要ではないものを買い過ぎると、むなしくも、悲しくもなる。街にあふれる消費をあおるキャッチフレーズは、お金に対する尊敬を欠いた関係を作り出す。

■お金は常に悩みの種だ

これまで、いつもお金が悩みの種だという人は実に多かった。請求書はわずらわしいし、隣人と張り合うのは疲れる、起業家は変わり者扱い、そしてうちの家計はいつも変わらず火の車。かといって、金持ちでいるのもさらに骨の折れることだった。税金やら法律、会計などに関する山のような書類や、お金に関わる責任などはさておいても、お金があるというのも悩みの種になる。確かにこのような見方をすれば、実際のところお金は「解決」ではなくて「問題」と考えられなくもない。「生き残るだけでも大変だ。まして成功するなんて」。このような悲観主義は、お金との間に否定的な関係を作り出す。

■お金の話はタブーだ

多くの人は、お金について話すのは品がないと教えられて育ってきた。お金の話、金銭的な成功や失敗は、話題にすべきではないし、それについて教えるなどとんでもない、個人的な問題なのだからと考えられているからだ。子供の頃、両親にいくら稼いでいるかなどと聞いた人はほとんどいないだろうし、今でも配偶者の給料を知らない人もいるのではないだろうか。ほとんどの人がお金や金融に関する本当の会話、つまり金銭的なことを学んだり、成功を手に入れるために必要な会話を避ける傾向にあるのが現状だ。「そんなことを話すのははしたない」。そんな小言は、お金に関する無知を増長させる。

お金と仲良くする考え方を身につける

あなたの両親が意識的に考えや行動を変えていない限り、あなたも今挙げた例のような考え方を条件付けられている可能性が高いが、この悪循環を断ち切ろうとあなたが決心すれば、あなたの子供たちにはお金に関してもっと健全で有益な考え方を教えることができるだろう。

まず今、自分がどう考えているか自覚しよう。それと同時に、それを変えるために努力を始めよう。ウェルス・サイクル・プロセスを実行することを通じて、また尊敬する指導者や信頼できる友人たちの助けを借りて、まず行動から変えていくといい。メンターや友人に、新しい考え方を身につけたいという気持ちを話し、無意識のうちに自分に課している限界を取り払う手伝いをしてもらおう。そして、行動によって脳を変えていくのだ。

今すぐ始められることがひとつある。それは自分の考えていることを、例えば次のように言い換えることだ。

・「お金は不足している」を「お金は豊富にある」に換え、お金に対する恐怖をなくそう。
・「お金は悪の根源だ、汚い、有害だ」を「お金は良いものだ」に換え、お金と仲良くしよう。
・「お金は給料として得るものだ」を「お金は収入源があれば入ってくる」に換え、お金についてもっと気楽に考えよう。
・「お金は私には無縁だ」を「お金を受け取るのに私以上にふさわしい人はいない」に換え、お金に対して堂々と胸を張ろう。
・(女性の場合)「お金のことは男性がやるものだ」を「私はお金について知ったり理解したりできる」に換え、お金に関心を持とう。
・「お金は癒しになる」を「お金は人生をより良いものにしてくれる道具だ」に換え、お金に敬意を払い、大事に扱おう。
・「お金は常に悩みの種だ」を「お金は解決策だ」に換え、お金との間に肯定的な関係を作り上げよう。

・「お金の話はタブーだ」を「お金の話は重要だ」に換え、お金について話し、知識を深めよう。

こんなふうに言い換えてみると、お金との関係がずっとよくなる。お金との関係を改善するかどうか、それはあなた次第だが、今のところ、あなたはなかなか良いスタートを切っている。なぜなら、はじめの一歩を実際に踏み出そうと決めて、この本を手に取ったのだから。「お金に対する意識」を高め、人生を変えるチャンスは「よし、今から始めよう」とあなたが心に誓うことから生まれる。

自分のはまっている思い込みを見つけ出そう

「お金とは……」という言葉で始まる文を頭の中で作ってみて、自分がお金についてどう思っているか調べてみよう。この章の最初にあげたいろいろな考え方を見直して、共感するものはないか見てみよう。自分がお金についてどんなふうに条件付けられてきたか振り返り、それがマイナス思考であれば変え、プラス思考であればさらに強化するようにすればいい。

ただし、たとえマイナス思考に条件付けられていたことがわかっても、自分を育ててくれた人のせいにしたりして横道にそれてしまわないように注意してほしい。彼らがあなたを心からいちばん大切に思い、できるかぎりのことをしてくれたのは確かなのだから。ただ、彼らのお金に対する考え方は今のあなたには合わないというだけのことだ。

自分のお金に対する考え方が確認できたら、次に、手帳、日記、小遣い帳、家計簿、銀行口座やクレジットカードの明細表などを参考にして、過去３カ月の自分の活動と支出を振り返ってみよう。これらの記録は、その人が人生で何を大事にしているかを教えてくれる貴重な情報源だ。時間とお金をどんなものに、どのようにして消費しているかを調べよう。多くの場合、日々の行動と消費はあなたの思考の結果だ。思考が変われば、あなたの行動と消費のパターンも変わっていく。

ネガティブな言葉は使わない

いつも頭の中に浮かびがちなネガティブな言葉を見直そう。負けるためではなく勝つためにプレーするのだということを認識するのが大事だ。優柔不断はもうやめて、決断力を持とう。お金にしがみつき、貯め込み、守ることばかりを考えず、お金を増やし、広げることを考えるべきだ。怖がってしり込みしたり、慎重になりすぎるのをやめて、わくわくした気持ちで、積極的に取り組もう。

億万長者は前向きに、自分が望むような人生を作り出そうとする。頭に浮かぶ言葉や話す言葉に注意することだ。**言葉は、あなたの思考を映し出すだけでなく、行動にも反映する。**そして、それはポジティブにもネガティブにも作用する。子供の頃から条件付けられてきた考え方に基づく言い方、例えば「お金を稼ぐのは難しい」「貯金はなかなかできない」といった言葉は使わないようにして、その反対の言い方をしよう。例えば、「お金を稼ぐことは可能だ」「お金を貯めたり増やしたりするのは簡単だ」と言い換えればいい。

この方法はありきたりに思えるかもしれないが、効果は抜群だ。自分の信念を口に出して言うことは、それを相手に聞かせると同時に、自分自身にも言い聞かせていることになる。それは、あなたの夢や目標を実現する最初のステップだ。そして、話を聞いた相手は、あなたの本当の姿をよく理解できるようになるだろうし、夢や目標の実現に役立ちそうな情報を教えてくれたり、人を紹介してくれるかもしれない。そういう「輪」を作ることこそが成功の鍵だ。そして、その輪はあなたから始まる。あなたが信じるもの、そして何よりもあなたが口にすることから始まる。

「マネー・マッスル」——お金に関する筋力を持つ

すべての人に「マネー・マッスル」は備わっている。ただ、鍛えていないので萎縮している

だけだ。

マラソンに参加したいと思ったら、おそらくその最初のステップはランニングシューズを買うこと、そして、準備運動をして軽く走り始めることだろう。同様に、億万長者になることを夢見ていたら、最後までやり抜く助けとなる土台を築き上げることから始める必要がある。

億万長者になるためには、それにふさわしい体力をつけなければいけない。つまり、マネー・マッスルを築くということだ。

今はフィットネスやダイエットが大流行している。みんな自分の健康や美容に関して話すことに何の抵抗もないように見える。一方、前にも言ったようにお金の話はタブー視されていた時代があり、最近はメディアでよく取り上げられるようにはなってきているが、まだそれほどオープンにはなっていない。話題となったとしても、米国金融市場や国の債務といった大がかりなものが多く、個人の資産や負債といった話題、具体的な話はなかなか取り上げられない。

でも、健康やフィットネスが私たちの身体にとって大事なように、お金も私たちの経済的生活に大きな影響を及ぼす。お金は人生の中で一番大切なものではないかもしれないが、それが非常に影響力を持つことは確かだ。億万長者になりたかったら、ぜひこの筋力をつけよう。そして豊かな生活をゴールにして走りだそう。

■最初は辛いが、すこしずつ楽になっていく

スポーツの鍛錬はどれもそうだが、一番辛いのは最初の日だ。はじめは筋肉痛で苦しむことになるかもしれない。お金に関する新しい行動を生活に取り入れ、頭をそれに適応させるには多少の時間がかかる。

また、意志の力で一定の時間をそのために使うようにすることも必要だ。つまり、金持ちになるためのプログラムを自分のスケジュールに組み込まなければならない。でも、これもスポーツと同じで、しばらくすると慣れてくるし、それどころか、やらないと物足りなくなるかもしれない。毎日1時間ジョギングをするとか、大好きなテレビ番組を見るとか、瞑想をするといったことと同じだ。

プロセスの先に進むにつれ、そしてお金に関して新しい思考があなたの身につくにつれ、どんどん楽しくなるし、それと同時にむずかしさが減っていく。これまで自分がそうしてこなかったことが信じられなくなるだろう!

陥りやすい穴について知っておこう

あなたのビジョンを支える新しい考え方を維持し続けるためには、先に待っているいくつかの落とし穴について知っておくと役に立つ。その存在を知っておけば、そういった障害との戦いが楽になるだろう。

■頭の小さな声が計画を台無しにする

脳の中には雑音がたくさんある。雑音が起こるきっかけはいろいろだ——言い訳、非難、混乱、どうどうめぐり、正当化、優柔不断、注意散漫、集中力の欠如など。だれにでも経験があることだろう。雑音が湧き上がるのを止めることはむずかしいが、先に進むにつれて、スイッチを切ってしまうことができるようになるだろう。

■頭で思っている行動と実際の行動が一致しない

自分の中で、意識と無意識がくい違っていると、行動と信条との矛盾が出てくる。それを防ぐには、自分の信じることを声に出して言ったり、人に話し続けるようにするといい。そうすると、あなた自身にも他人にも、その矛盾がはっきりと認識され、行動が頭についてくるようになる。

■自分で作った物語にとらわれる

私たちは自分の人生について物語を作り出していることが多い。たいていは、これまでに目にしたもの、とくに子供の頃に周りにいた大人たちの姿によく似た物語だ。この物語にとらわれている限り、そこから生まれる結果は変わらない。

その人の物語は、その人の経験によって作られていく。何かを経験するたびに、私たちはその経験を感情と理屈でろ過し、自分が信じる真実を強化したり、あるいは否定する。例えば、不動産取引に投資して、失敗し、お金を失ったら、あなたはそこから何かを学び、新しい経験に活かすこともできるし、「こつこつ働くのが一番だ」というような既成の自分の物語の中に戻っていくこともできる。どちらを選ぶかはあなた次第だ。

■不必要な競争に恐れをなす

「お金はすべての人に行き渡るだけ、充分にある」。そう聞いたらあなたは驚くだろうか。でも事実はそうだ。もしあなたが他人と競争して限りあるものを奪い合っていると感じているとしたら、あなたは間違ったゲームをしている。競争を創造に変え、生活に平静をもたらそう。

■ビジョンを放り出してしまいたくなる

惰性に任せたり、途中で放り出すのは、苦労して変化をもたらすことより簡単だ。でも、やめることを本気で考え始めたら、次の話を思い出してほしい。保険業界で実際に公表された統計に基づいた話だ——経済的自由といった大きなビジョンを持たず、一定の年齢に達して引退することだけを目的としている人は、その目的を達したあと2年以内に亡くなるケースが多い。こういう人は、定年に達したあとの自分の人生をきちんと設計しようとしなかったために、そこから先の人生を失ってしまう。もし彼らがあなたと同じ選択をし、より大きなビジョンと経済的自由に向かって歩む道を選んでいれば、自分の夢すべてをかなえられたかもしれない。

あなたの人生のリーダーはあなただ

ビジョンはあなたのものだ。それを実現するプロセスも、一緒に歩むためにあなたが築くチームも、ビジョン実現のためにあなたが取る行動もすべてあなたのものだ。自分を億万長者にしたかったら、自ら進んで人生のリーダーにならなくてはいけない。

ウェルス・サイクル・プロセスは行動することが一番大事だ。始める前は、自分が新しく取り入れた考え方を完全に信じていなくてもかまわない。前にも言ったように、行動が思考を再構築し、強化する。反対に、思考によって行動を変えようとするのはとても時間がかかる。

はじめに行動し、そして新たな条件付けによって思考が刻み込まれていく。これがより永続的な変化を作り出す。なぜなら、これは古い塗料の上に塗り直しをするのではなく、壁をはがして一からやり直しているのと同じだからだ。居心地が悪く感じたり、時には挫折感を覚えることもあるだろう。でも、それは成長していればこそのこと。行動が始まっていることの証だ。

第14章

子供たちにお金のことを教えよう

新しい世代が幸せに生きるために

ある日、ヒューストンでのセミナーの後、私たちがイベントの後片付けをしているのを5歳になる息子のローガンがじっと見ていた。何か手伝うことはないかと、スタッフの一人のそばにずっと立っていたが、それに気が付いたそのスタッフは、頭を絞って息子に仕事を見つけてくれた。彼はローガンに、部屋にある椅子の数を数えて、その結果を報告してくれと頼んだ。30秒もしないうちに、ローガンは戻ってきてそのスタッフのシャツを引っ張った。

「降参かい？」

スタッフがそう聞くと、ローガンは答えた。

「違うよ。もうわかったもの」

スタッフは眉をひそめて、「まさか」と言った。

「248個だよ」

「あてずっぽうだろう?」

スタッフの言葉を聞いてローガンは頭を振った。「ローガンは数字の天才だわ!」と私が早合点する前に、ローガンは椅子を積み重ねているホテルの従業員を指差した。

「あの人に椅子がいくつあったか聞いたんだ。教えてくれたよ」

ローガンはそう言った。

ただ言われたことだけをするのではなく、状況を判断して必要な情報を集める聞き取り能力、物事を順序よく並べる能力、そして、自己管理能力……まだ5歳の息子はそういった能力を総動員させたのだ!

資産形成の知恵は子供への贈り物

資産の形成・運用に必要なリーダーシップとチームワークの精神は若いうちに教えることができるし、またそうすべきだ。

私が主宰する「チームで作るミリオネア・コミュニティー」のメンバーは、今、小中学校や高校、大学でウェルス・サイクルについて教えている。そこで私たちは大発見をした。それは、ウェルス・サイクル・プロセスに対して大人たちが抱きがちな抵抗や不安感を、若い生徒たちはほとんど抱かないということだ。

彼らはこの種の情報に熱心に耳を傾けるだけでなく――実際、調査した高校の生徒たちの4分の3が、学校でのお金に関する授業が楽しいと答えている――それを吸収する能力が備わっている。なぜなら彼らは、両親の多くが足を引っ張られている「ライフスタイル・サイクル」にまだどっぷり浸かっていないからだ。

私たちは次の世代のためにお金への関わり方を変えなければならない。子供たちにファイナンシャル・リテラシー（お金に関する読み書きの能力）を教えるべき時が来ている。

学校でファイナンシャル・リテラシーを身につけるための教育があまりなされていない今、子供たちのお金に対する知識を広げる責任はあなたにある。資産形成や、健全で明朗なお金との関係については、幼い子供の時期から学べる。親、祖父母、おば、おじ、保護者、あるいは教師として、あなたのそばにいる子供たちに、今すぐ資産形成の教育を始めてほしい。

想像してみてほしい――もしあなたが子供の頃、誰かが資産の築き方についての知恵を授けてくれていたら、それはどんなにすばらしい贈り物になったことだろう！

子供に教えるにも「行動」を通じて

今の時代にあったファイナンシャル・リテラシーを子供に学ばせる方法としては次のようなものがあると思う。もちろん、ほかにもたくさんあるだろう。ぜひ、自分でも考えてほしい。

①本人専用の財形口座を作る

子供が生まれたら、その子専用の財形口座を作ろう。

②得たお金の一部を口座に入れることを覚えさせる

子供たちが小さい頃から、お小遣いやプレゼントでもらったお金やアルバイトをして稼いだお金は、その一部を必ず自分の財形口座に入れるよう教えよう。たまにほんの少しのお金をもらう場合でも、その50パーセントを上限として一部を貯めるようにするといい。

③どれだけ貯まったか知らせる

財形口座がどのぐらい貯まっているか定期的に教えてあげよう。貯まっているのを知ると嬉しいものだ。子供の励みになり、この新しい習慣がいっそう強化される。

④「うちにはお金がない」と言わない

豊かな生活を送れる可能性があると子供が感じられるように、お金に関する明るい情報を提供しよう。「うちにはお金がないから買えない」などとは絶対に言ってはいけない。ネガティブな表現をしなくても、家計の実情を伝えることはできる。お金を儲けるための独創的な計画をみんなで立てよう。

⑤ビジネスとはどういうものかを教える

たとえば、近所の人に売るためにレモネードスタンドを作り、原価が12ドルのレモネードを10ドルで売っていたら、それがどんなに楽しくても利益にはならないことを説明する必要がある。そして、次に、どこをどう変えたらいいか、どのようにすればもっと利益が出るのか、彼らがその方法を見つける手助けをしよう。

⑥週に1回はお金について話し合う

定期的な（例えば毎月最初の月曜日など）、「お金の日」を決めよう。そして、ウェルス・サイクル・プロセスであなたが学んでいることを子供に伝えよう。

右のようなことを伝えるのは親の義務であると同時に、子供に対するすばらしい「遺産」となる。一生役に立つウェルス・サイクルの作り方を教えてあげれば、子供たちは将来豊かな生活を楽しみ、お金と健全な関係を維持していけるようになる。

私たちのコーチングを受けた人たちは、満足の得られない生き方を変えて、資産を生み出すことが実際に可能で、それが思っていたよりはるかに簡単だったと、口をそろえて言う。

でも、彼らにとって一番の驚きは、お金に関するこれほど簡単な真理を、これまで、こんなに長い間、誰も教えてくれなかったことだ。豊かさとお金について子供と率直に話し合うことこそが、あなたが子供に与えることのできる一番の財産だ。

子供たちの心に慈善の精神を育もう

もうひとつ、大事なことを。困っている人を助ける気持ちを子供の中に育てることは、ウェルス・サイクルについて教えるのと同じくらい大切なことだ。我が家では、息子の持っているおもちゃから5つ選んで、恵まれない子供たちのためにおもちゃを集めている団体に寄付することをクリスマスの習慣のひとつにしている。

また、子供がちょっとした仕事をしてお駄賃をもらったり、アルバイトをして稼いだ時には、少額でも、その一部を世の中の役に立つことに使えるように蓄えておくことを教えるのもいい。慈善の習慣は早いうちにつけることができるし、またそうするべきだと私は思う。

終わりに

世界はチャンスに満ちている

ギャップ分析の8つ目の質問はこうだ。「自ら進んでウェルス・サイクル・プロセスを作り、稼動させる気があるか?」

私はみなさんに「はい」と答えてもらいたい。そして、実際に大きく第一歩を踏み出してもらいたい。

私の個人的なビジョンは、ウェルス・サイクルの考えをもとにしたコーチングやセミナーを行うリヴ・アウト・ラウド社のビジネスを、世界的な「教育機関」へと発展させることだ。もっと多くの人がファイナンシャル・リテラシーを身につけ、億万長者(ミリオネア)のたくさんいる国が増えたら、どんなにすばらしいだろう。人がみんな、夢や目的を持った、意義のある人生を歩むようになったら、どんなにすばらしいことだろう。

今、世界には、国民全体が消費志向を持つ「消費国家」が増えているが、裏を返せば、そういう国は国民が一丸となって何かを成し遂げる能力を持っている。その力を消費ではなく、もっと生産的な方向へ向けてはどうだろう？

考え方は人によって違う。だから、やり方も違っていい。自分がプレーしたいゲーム、自分の価値観に一致していて、自分が最終的に手に入れたいと思うものが手に入るようなゲームに参加するのが一番いい。

私たちのコミュニティーでは資産形成のために協力とチームワークを大事にするが、そこに「依存」はない。それぞれが自分自身の脚本を書き、自分に合ったウェルス・サイクルを見つけ、独自のプランを作り上げなければならない。

この世の中は、本当は豊かな世界だ。物やお金はみんなに行き渡るだけ充分にある。だから、何かほしいと思っているのにそれを得るために何もしないでいるのは、自分をだましているようなものだ。

資産形成の道を選ぶ人は何も特別な人ではない。ただ、はっきりとした意識を持って生きたいと願う人にすぎない。あなたもその道を選び、今こそ、「自分などが金持ちになれるわけがない」という恐怖と不安に打ち勝って第一歩を踏み出そう。

何か新しいものがほしければ、昨日までとは違ったことを今日しなければならない。このレースにゴールはない。あなたは常に新たな可能性を見つけて、そのためにプランを立て続けることになるだろう。**努力を惜しまないこと、計画すること、何がほしいのか知っていること——よりよい場所へたどり着くために必要なのはこの３つだ。**

世界はチャンスに満ちている。私たちひとりひとりが「自分は最高のものを受けるに足る存在だ」と感じていれば、自分自身や他人をもっと信頼できるようになる。そして、世の中にチャンスや富が充分にあって、みんなで共有できるのだということが信じられるようになる。そうすれば、きっとそのチャンスに手が届くと私は信じている。

ギャップ分析の８つ目の質問に「はい」と答えよう。そして、自分のために立ち上がり、胸を張って生き、自分に責任を持とう。あなたにはチャンスを手にする資格がある。実現の可能性に満ちた計画を立て、経済的自由と豊かさが待つ未来へ向けて第一歩を踏み出す準備はもう整っている。

［著者］

ローラル・ラングマイヤー（Loral Langemeier）

ファイナンシャル・ストラテジスト。主にアメリカで、お金に関するコーチングやセミナーを行っている。30歳を過ぎてシングルマザーになったのを機に資産作りを始め、34歳までに数百万ドルの資産を築き上げた。テレビ出演、著書多数。
http://www.liveoutloud.com

［監訳者］

逢坂ユリ（あいさか・ゆり）

ニューヨーク大学卒業。モルガン・スタンレー・アセット・マネジメントの資金運用・トレーディング部門を経て、ゴールドマン・サックス証券で金融法人向け外国為替カスタマー・ディーラーおよび債券セールスを経験。その後、ドイツ証券へ転職し、事業法人営業部で資金の運用業務に携わる。2005年に独立した後は経済見通し、資産運用、営業、モチベーション・アップなどの講演を実施。日経CNBCの経済情報番組では、レギュラーコメンテーターとして出演。『夢と幸せを実現するお金のつくりかた』（ダイヤモンド社）、『あなたを幸せにするお金のレッスン80』『投資レッスン88　お金のふやし方・使い方』（ともに成美堂出版）など著書多数。
http://www.aisakayuri.com

［訳者］

白根美保子（しらね・みほこ）

翻訳家。早稲田大学商学部卒業。訳書に『金持ち父さん 貧乏父さん』（筑摩書房）、『自分らしくお金持ちになるための70の習慣』（ダイヤモンド社）など多数。

億万長者養成講座

2008年10月 9 日　第 1 刷発行

著　者――ローラル・ラングマイヤー
監訳者――逢坂《あいさか》ユリ《ゆり》
訳　者――白根美保子《しらねみほこ》

発行所――ダイヤモンド社
〒150-8409　東京都渋谷区神宮前 6-12-17
http://www.diamond.co.jp/
電話／03･5778･7236（編集）03･5778･7240（販売）

装丁――――中井辰也
製作進行――ダイヤモンド・グラフィック社
印刷・製本―ベクトル印刷
編集協力――江口絵理
編集担当――土江英明

ISBN 978-4-478-00678-8